ビジネスパーソンのためのアサーション入門

平木典子＋金井壽宏

Ψ金剛出版

まえがき

ひとは一人で生きているわけではない。まわりのひとととの関係の中で、生まれ、育ち、成熟していく。なにごとかを成し遂げることは誇らしいことだが、それを喜んでくれるひと、応援してくれるひと、ともに歩んでくれるひとがいたら、さらにありがたいものだ。

ひとを支援するためには、聞き上手になることが大事で、プロのカウンセラーにはならなくても、傾聴について学ぶひともいる。傾聴とも両立するのだが、より理想を言えば、相手のことを尊重して相手の話すこともしっかり聞きながら、自分の気持ちを大切にして自分も相手に伝えたいことをしっかり伝えることができればそれに越したことはないだろう。

本書でとりあげるアサーションというテーマは、ひとが一人で生きているのでない限り、かかわる問題である。つまり、自分も相手もともに大切にするコミュニケーション技法なのである。これに早くから注目されてきた平木典子先生は、臨床心理学をベースとされる臨床家でありつつ、同時に、今では、わが国におけるアサーションの研究と許育・啓蒙の第一人者である。

その平木先生先生との出会い、またアサーションというテーマとの出会いをありがたく思っているこの私は、経営学の中でも組織の中の人間行動（human behavior in organization）短くは、組織行動（organizational behavior：OB）という分野を専攻してきた。さらにその中で、リーダーシップ論、モティベーション論、キャリア論、また組織開発を含む組織変革論に関心をもってきた。組織行動論のいずれのテーマにおいても、このアサーションという視点が不可欠だという思いが高まり、神戸大学経営学部で組織行動を扱う金井ゼミの場に、平木先生をお招きしたいという望みを抱いた。私も遅まきながらアサーションをしっかり学びたいという思いもあったのだが、若いときにアサーションという考えにふれることで、自分も相手も大切にするコミュニケーションが、ゼミ生たちの成長を促すステップになると願った。

いくつになっても学べることだが、平木先生から直接教えをいただいた金井ゼミ生たちの生の声も含めて書籍にできれば、多数ある平木先生のご著書とはまた一味違った、アサーションの入門書になるのでは、と考えた次第である。幸い、そのようなわれわれの考えに金剛出版の立石正信社長のご理解と、編集担当の中村奈々さんのご協力をいただくことができて、このたび、この書籍を上梓させていただくに至った。思えば、非常に貴重な出版機会をいただきながら、かくも仕上げが遅れたことをお詫びしつつ、学生たちがどのようにアサーションから実践的学びを得たのか、同世代の方々はもちろんのこと、指導する立場にある先生方、若いビジネスパーソンの方、上司の方、親御さんにも、相手も自分も大切にする関係やコミュニケーションのあり方について、ぜひ本書を通じて考えていただきたい。また、経営学で組織行動論、古くは人間関係論と呼ばれた領域を学ばれた方々、いま学んでおられる方々は、アサーションという分野もあることを知り、そこに入門する扉として、この書籍を生かしていただければ、とてもありがたいことだ。

最後になるが、平木先生とお会いしてお話しできる機会には、いつもわたしのほうが学ばせていただいている。また、アサーションのテーマだけでなく、家族療法、臨床心理学の碩学でもいらっしゃるので「平木先生」と呼ばせていただいているが、対談から生まれたこの書籍の中では、読者の皆さんへの読みやすさの視点から自分も先生も双方とも、〈さんづけ〉表記とさせていただいた。

二〇一六年二月

金井壽宏

目次

まえがき　3

第一章　初めてアサーションに出会った人へ　11

職場でアサーションが必要であることの意味　12／ビジネスパーソンのコミュニケーションの現状　15

ビジネスの世界でアサーションはどうなっているか　18

人権(権利)としてのアサーションを考える　23／アサーションを身につけることの利点と活用範囲　30

第二章　ビジネスパーソンが置かれている現状　39

社員はなぜ希望を語れないのか　39／集団の力を信じる　44／求められるメンテナンス力　47

リーダーに求められる個別配慮　51／怒鳴る上司に何と言えばいいのか　55

感情労働を強いられる人たち　59／企業はアサーションに何を求めているのか　61

アサーションを学ぶと自己評価が下がる　65／正解を探したがる日本人　68

人権とのセットを避けたがる企業　73／言いたいことが、言いたい人に言える会社に　75

集団のアサーションを成り立たせるリーダーシップ　78／組織開発にアサーションを生かせるか　80

ものが言えないのはなぜなのか　86

第三章　アサーションの理解を深める（金井ゼミより）　89

一人ひとりを大切にする　89／まずは質問紙「アサーションとは」に答える　91

アサーション実習との出会い　93／表現する権利　94／万人に通用する真実はない　96
「話す」と「聴く」の相互作用　98／怒りと弱さ　103／どうやって叱ればいいのか　107
失敗する権利　112／相手に配慮することは自分を抑えることではない　116
怒りの手前の感情に気づく　118／なぜ男女で感情表現は違うのか　122
アサーションをどう教えるか　125／アサーションしない権利　129
第四章　若い人たちの学びの声（金井ゼミ生のレポート）　134
第五章　経営学とアサーションとの架け橋　172
組織行動論との出会い　172／組織行動という用語の意味　173
マネジメントとリーダーシップ　175／リーダーシップを発揮するには　176
コミュニケーションの必要性　177／言いたいことを言いたい人にきちんと伝える権利　178
個人の権利を尊重する　179／組織行動論の専門家として伝えたいこと　180
アサーションの大切さ　182／日本の企業の現状　183／今後の日本に必要なこと　184
あとがき　185
参考文献　188

ビジネスパーソンのためのアサーション入門

第一章　初めてアサーションに出会った人へ

アサーション（あるいはアサーティブ）とは、「自分も相手も大切にする自己表現」という意味です。それは、人間のコミュニケーションを心理、行動、人間関係の側面から説明する考え方と方法であり、米国で一九七〇年代に注目され、現在では、コミュニケーションにおける必須の知恵となって、世界に広がっています。

人は社会的存在であり、生まれた時から何らかの形で人とつながり、コミュニケーションをとりながら生きています。ところが、われわれは、自分の気持ちや意見を言い損なって無力感を味わったり、逆に強引に主張して相手に苦い思いさせたりすることがあります。前者は自分を大切にしていない「非主張的（non-assertive）」、後者は相手を大切にしてない「攻撃的（aggressive）」自己表現のスタイルと呼ばれ、そのいずれでもない表現がアサーション（assertion・assertive）です。いずれの表現スタイルも、幼い頃から人間関係の中で無意識のうちに身につけ、特定の人との関係でくり返されてパターン化し、物事の実行や解決はもちろん、人間関係に影響します。われわれが直面している日常の未解決な課題、職場における仕事と人間関係の過剰なストレス、国と国との紛争などの根底には、アサーティブでないコミュニケーションの問題があると考えられます。

アサーションは、人々の日常のコミュニケーションの問題にわかりやすい改善のヒントを提示しているだけでなく、複雑な交渉や取り決めを行わなければならないビジネスの世界でも、グローバル化した世界の人々とのつき合いの中で、ものの見方や価値観が異なった人々がどのように問題を解決し、交流していくかという問題にも解決のヒントを提示してくれます。

第一章では、アサーションの視点からわれわれのコミュニケーションの現実を見直し、とりわけビジネスの世界でアサーションがどんな意味と効果をもたらすかを考えます。

職場でアサーションが必要であることの意味

動物にとってすべての行動はコミュニケーションであり、それらは命を守る術でもあります。とりわけ人類は、具体的な出来事から抽象的な概念まで、言語を使って複雑なコミュニケーションをとることができます。

人間のコミュニケーションには二つのレベルがあると言われています。一つは、文字または音声を使って情報や内容を伝達・理解するために用いられる言語表現で、デジタル信号とも呼ばれます。もう一つは、情緒や感情など連続的な変化を伝達するために視覚と聴覚に訴える非言語表現で、アナログ信号と呼ばれます。

言語は、特定の集団によって決められた個別の単語や表現法があるため国や地域によって異なりますが、共通の意味を表す単語があるので翻訳すればコミュニケーションが可能です。また、非言語表現は文化の違いによって表現スタイルは異なるものもありますが、声の調子や表情、身体の動きなどにはかなり共通の表現があるため、ことばを使わないでも意味が理解でき、ことばでは言い表せない心のプロセスや微妙なニュアンスを補ってくれます。言語表現には左脳の働きが、非言語表現には右脳の働きがかかわっていると言われます。

人間は、この二つのレベルのコミュニケーションを左脳と右脳の機能を駆使して行うことができ、複雑なコミュニケーションをして、科学の進歩と人間性の開発に力を尽くしてきたということが言えるでしょう。

ところが、ポストモダンと言われる二一世紀に入って、合理性と科学性を追求した近代（モダン）に対して、各方面から批判が高まってきました。産業労働を重視する社会では、人間の能力の一部が過剰に酷使され、ひずみが目立ってきたからです。

近代産業社会は、合理的で効率的な生産活動と利便性の高い消費生活をもたらしました。

ところが、人々の労働力と時間は機械・情報の操作、サービス業、あるいは知的活動に使われることになりました。人々は都市に集中して稼働と勉学中心の生活を送るようになり、仕事と家庭の分離、個人の生活の場の拡散が進みました。行き過ぎた成果主義による競争の激化は、働く人々に過剰なストレスを与え、心身の不調による休職者や退職者が増加しています。豊かで便利な社会をつくるためという一見魅力的な課題を達成するために、上司は部下に、親は子どもに一方的指示や命令を出しています。学校や会社などの集団の中では、同じ方向を向いてない者、異なった考えや言動をする者に対していじめや嫌がらせといったハラスメントが起こっています。論理性・合理性・生産性を優先している社会では、無意識のハラスメントや人権侵害が起こりやすく、人間関係や相手の気持ちを思いやり、理解しようとすることが軽視されていきます。

さらに、ＩＴの進歩は、コミュニケーションの迅速化と拡大に貢献した一方で、文字偏重のやり取りによる対面コミュニケーション力の低下を招いています。幼い頃からＩＴ機器に依存した生活をしてきた人々は対面のコミュニケーションが困難であり、引きこもり、対人恐怖、いじめ、虐待といった人間関係の問題で悩んでいます。

ここまで述べてきたバランスの悪い人間の生き方は、一言でいうと左脳（思考）の過剰機能と右脳（情緒）の過少機能の表われと受け取ることができます。

とりわけ、ビジネスパーソンは、時間とエネルギーのほとんどを正確さと速さを競う左脳労働に使っていて、人間関係や相互尊重、協働といった右脳作業はおろそかになっています。このような人間の能力の分断化と機械化をくい止め、右脳の働きを活性化して、統合した脳の働きを取り戻すことが二一世紀の人類の課題となっています。

これからも仕事の世界におけるＩＴ化やオートメーション化は進むでしょう。しかし、最後まで人間がしなければならないことは、人間にしかできないこと、対面コミュニケーションでしょう。とりわけ、その場でしか体験することができず、連続的な心の変化を細やかに伝えるアナログ（非言語）コミュニケーションは最重要のテーマになるのではないでしょうか。

ビジネスパーソンのコミュニケーションの現状

近年、コミュニケーションの危機はビジネスの世界で大きな問題になっています。その問題について、いくつかの調査結果を紹介しましょう。

日本生産性本部の「職場のコミュニケーションに関する意識調査」（二〇一四）によれば、管理者（課長）の五〇・六％は人間関係の構築が得意、四八・四％は苦手と回答しています。ただ、部下または後輩との業務上でのコミュニケーションが取れていると思う課長は八三・〇％、業務外では五七・三％となっています。仕事上のやり取りはできているが、それ以外のやり取りが少ないことを想像させます。

一方、一般社員（部下）では、人間関係の構築は得意が四〇・六％、不得意が五八・七％で、半数以上が人間関係を苦手としています。同僚または後輩との業務上のコミュニケーションは八〇・三％が取れていて、業務外での日常のコミュニケーションでは五七・六％になっています。この傾向は上司と類似しています。ただ、上司との業務上でのコミュニケーションが取れていると回答した者は七二・七％で、上司の八三・〇％とは認識にはギャップがあります。

相談することについては、課長の八四・九％は、部下または後輩が「相談に来る」と回答していますが、「よく相談する」と回答した部下は五九・二％、「めったに相談しない」と回答した者も三七・九％いて、「相談」に関しても認識に大きな落差があります。

職場で有益な情報が共有されていると思う課長は六八％に対して、部下は四五・一％です。上司は情報を伝えたつもりになっていても、伝わっていない可能性がありそうです。また、八五・六％の課長は「一般社員の話をじっくり聞く」と思っていますが、「じっくり聞いてくれる」と思っている部下は六八・二％で、ここでも認識に差があります。

　これらの認識のギャップを裏付けるデータとしては、「相手に対して的確に物事を伝える自信があるか」との設問があります。課長の約半数五一・六％は「自信がある」と答えていますが、四八・二％は「自信がない」であり、一方、部下で「自信がある」者は二六・五％にとどまり、七三・一％は「自信がない」と回答しています。ビジネスの世界で自己のコミュニケーションに問題を感じている人は多いことがわかります。

　それでは、社内のコミュニケーションにはどのような課題があるのでしょうか。ＮＨＫ放送研修センターの調査（二〇一二）によれば、「社内コミュニケーション上の問題」があると答えている七一％の企業のうち、コミュニケーションを進める上での課題（三つ以内選択）は、多い順に、個人のコミュニケーションスキルの低下（六四％）、対面コミュニケーションの減少（六四％）、業務が多忙で会議や話し合いの機会が持てない（三六％）、一緒に食事をしたり飲んだりする機会が減った（二六％）、個人の生活を重視する傾向（二五％）となっています。また、新入社員に対して向上が求められるコミュニケーション力として、的確に説明する能力（九〇％）と人の話をしっかり聞き取る能力（八三％）があがっており、若者のコミュニケーション能力への期待が大きいことがわかります。現代のビジネスには不可欠のＩＴツール利用のメリットとしては、情報の共有（七四％）、仕事の効率化（六〇％）

がある半面、コミュニケーション上の問題としては、何でもメールで片づける人が増えた（四四％）、顔が見えないので、微妙なニュアンスが伝わりにくい（四二％）、ネットに頼りすぎて、生のコミュニケーションが少なくなった（三八％）となっています。

上司は一般社員が求めるコミュニケーションをしていないようであり、一方的に仕事の指示や目的を伝えて、コミュニケーションをしたつもりになっているかもしれません。一方、部下は理解できていないときに、問い返したり、確認したりしていない可能性もあります。つまり、向き合って話をせず、共通認識をもって、相互尊重のコミュニケーションをしているかどうかが考慮すべきテーマであることがわかります。

ビジネスの世界でアサーションはどうなっているか

さて、それでは仕事の世界でビジネスパーソンたちはどんなコミュニケーションをしているのでしょうか。ここでは、ビジネスパーソンを対象としたいくつかの企業における筆者のアサーション・トレーニングの体験から、アサーションの解説も兼ねて、例を挙げて説明していきます。

本章の最初にも述べたとおり、コミュニケーションにはアサーション、非主張的自己表現、攻撃的自己表現の三つのスタイルがあります。アサーションは「自他尊重の自己表現」、非主張的は「自分を大切にしていない自己表現」、攻撃的は「相手を大切にしていない自己表現」です。

例えば、次の状況に出会ったとき、あなたは以下のA、B、Cのどれに近いコミュニケーションをしているでしょうか。

「今日は、郷里から出てきた友人と夕食をする約束をしている。仕事も早く切り上げられそうなので、そろそろ退社しようと思っていたところ、上司から、『いま急に、部長から得意先に提出した資料に追加のデータが必要だと言われた。担当だったあなたに頼みたい。二時間もあればできると思うので、今日中に作ってくれないか』と頼まれてしまいました」

A：「はい、わかりました」（「参ったなー、友だちに何と言おう……？」と思いながら）

B：「急に言われても、無理です」

C：「急なんですね。実は今日は郷里から出てきた友人と夕食をすることになっています。明日の朝まで待っていただけるよう部長に頼んでくださいませんか。間に合わせますので」

Aは非主張的自己表現です。ビジネスの場面ではありがちな対応かもしれません。「参ったなー」と思いながら自分の事情も思いも伝えず、相手の事情を受け入れ、上司の指示に従っています。この対応をするとその場は収まりますが、その後、友人に再び何と言おうかと悩むことにもなります。上司に自分の事情を話して、話し合いによって解決できる可能性があるにもかかわらず、その試みをしていません。

非主張的な表現では、自分の思いを押さえて、相手を立てようとする傾向があります。言いたいことを言わないで黙り、思いを伝えず相手の言うなりになり、伝わらないような言い方をして理解されないことにもなります。それらは「自分は二の次」という姿勢と態度を示すことにもなっていきます。

この表現の個人的背景としては、自分の気持ち・考えが分かっていない（自己表現に慣れていないと考えをまとめることができない）、遠慮する（遠くから慮っても、配慮は通じない）、排除を怖れ、葛藤を回避して〝No〟を言えない、などの事情が考えられます。また、「仕事を優先させるべき」「上司には従うべき」「相手に逆らうと嫌われる」「葛藤を起こすようなことをすると排除される」といった社会通念や会社の風土、制約、人間関係などにとらわれているかもしれません。自分を犠牲にしてその場を収めようとしてはストレスを溜め、苛立ちが爆発して「キレる」ことにもなります。責任感のある、能力の高い人が状況を収拾する仕事を負い続けた結果、「うつ」になり、休職や退職に追い込まれることもあります。

ビジネスの世界では部下や女性、非正規職員など他者の気持ちや状況を敏感に感じ取り、配慮することが得意な人々にありがちなのが非主張的自己表現です。ナースや福祉職、サービス業、苦情処理担当者など、人々のケアや回復、もめごとの修復や解決にかかわる仕事をしている人々がバーンアウトしやすいのは、感情労働が勝るからです。

Bは攻撃的自己表現です。一方的に、問答無用で「無理だ」と断っています。

自分を主張して相手を押さえこみ、その結果、相手を無視することになる言動です。相手の言い分を聞かず、一方的に自分の言い分を通そうとする姿勢や態度があります。巧みにおだてて用事を言いつけ、断られないよう操作するなども攻撃的表現です。大声で怒鳴って命令しなくても、一方的に自分の思いを通そうとする言い方は攻撃的でしょう。

この表現にも個人的な背景があります。わがままで、自己本位、自分は正しいと思い込み、相手に勝ちたいという欲求が強いと攻撃的になりがちです。社会的背景としては、地位、役割、権力、年齢などが上で、人間として対等な関係を無視・軽視し、強い者が弱い者に対して優位な立場や力を無意識に行使する場合です。パワーハラスメントはその典型例であり、相手の犠牲の上に自分の思いを遂げている依存的な言動でもあります。

Cはアサーティブな自己表現です。まず、「急なんですね」と相手の状況を受け止め、同時に自分にとっても急であることを伝えています。次に事情を伝えて、自分ができることを提案し、打開策を探ろうとしています。それが受け入れられれば、自分は責任を果たすつもりであることも伝えています。

アサーションでは、自分の気持ちや意見を大切にして率直に、正直に表現してみると同時に、相手の言い分や思いも大切に聴こうとします。つまり、「話す」と「聴く」を両立させるコミュニケーションをしようとします。そこには自他尊重の姿勢と態度があり、相手から依頼があった場合は、まずそれを受け止め、わかったことを端的に返し、自分の思いを確かめて、伝えてみます。ただし、それで会話が終わるわけではありません。伝えたことに対して相手は何らかの反応をするので、それを聴き、対応する必要があります。

つまり、このやり取りの後には、大きく二通りの反応が返ってくる可能性があるのです。一つは、上司が「では、そうしよう」と部下の提案に同意する場合です。そうなれば、部下は「どうもありがとうございます」と伝え、会話はひと段落するでしょう。もう一つは、上司が「それでは困る」とか「今日中にやる必要がある」と答える場合です。つまり、合意できない場合は、新しい歩み寄りの道を探る必要があります。そこでは、部下が他の提案をしてもいいし、上司からアイデアが出されてもよく、より良い解決に向けた自由なやり取りが必要です。そのやり取りを面倒だと思わず現実を受け止め、両者に可能な妥協案を見つけるプロセスと結果を生み出すことが、まさにアサーションなのです。

アサーションができるためには、自分の気持ちや意見をはっきりさせること、それを具体的に表現するスキルを身につけること、そして、相手の思いを理解しようとすることが必要です。同時に、自分が発言した後は、相手がそれをどう受け止めたか、思いが伝わったかをフォローし、相手の思いに耳を傾ける必要もあります。コミュニケーションとは、そんなやり取りの限りない循環なのです。

人権（権利）としてのアサーションを考える

ここまで、アサーションとは「自他尊重」の自己表現の考え方と方法だと述べてきましたが、その考え方には深い意味があります。アサーションは、天が誰にも分かち与えている人権、すなわち表現の自由と権利を大切にするコミュニケーションだという意味です。人権とは、「人として誰でもやってよいこと」です。

アサーションは、自己表現が苦手で、非主張的な人々に対するカウンセリングの方法として開発されました。ところが一九七〇年代に入って、アサーションは北米で差別されていた女性と黒人の人権回復運動に大きな力となり、世界に広がっていきました。それまで世界は男性と白人主導で物事が進められ、たまたまそれに従ってきた女性や黒人は、男性と白人の望むように振る舞い、考えることを期待されていました。たとえ男性や白人とは異なる考えや感情を持っていても、それを語ること、ましてや反論として述べることは許されませんでした。両者の関係は攻撃的な上司と非主張的な部下との関係に類似していたと言えます。

もちろん、第二次世界大戦後の一九四八年、国連ではすべての人とすべての国が尊重しなければならない人権の共通基準として「世界人権宣言」を採択し、差別撤廃の動きは進められ、ときには、それが批判攻撃の運動となって暴力化したこともありました。ところが一九七〇年代に入って、差別されてきた人々は抑圧に対して攻撃で返しても対立が激化するだけだということに気づいたのです。自分たちが望んでいることは、まず自分たちの立場と体験が理解されることであり、それを伝えることだったのです。つまり、アサーションという考え方と方法には、暴力に訴えるでもなく、攻撃的にもならずに自分の正直な思いを表現し、理解を得る道があることを発見したのです。

以来、世界で広がっているアサーション・トレーニングでは、必ず人権の問題が取り上げられます。自他尊重の自己表現から始まったアサーションは、人権尊重のコミュニケーションであり、自分に与えられている権利は、同時に他者にも与えられていることを認めようとする動きになっていきました。

アサーションにかかわる人権を自己表現の権利という意味でここでは「アサーション権」と呼びます。代表的な「アサーション権」には以下のようなものがあります。

「他者と違う考えや感じを持つ権利」

人は人間としての共通性を持っていますが、顔が違うように多様で、異なった考え方や意見、感情を持っています。違っていることは引け目でもなければ攻撃の対象にもならないでしょう。違いを怖れず、いい意味での好奇心をもって接すると、驚き、感心することで相互理解は深まるでしょう。その体験のプロセスは、人々の考え方の多様性を受け容れ、相手の立場に立った理解が得られます。「違い」は「間違い」ではないこともわかります。

人と共に生きていくには、「違い」を分かち合う相互理解のプロセスが含まれており、アサーションはそのためにあると言っても過言ではありません。

人々が違いを理解し、独自性を認め合おうとするとき、そこでは共感、相互理解、歩み寄り、分担、協働といった能力が開発されます。この権利は、違いをいい刺激にして心弾む関係をつくる鍵ともなります。人と人、組織と組織、国と国のより豊かなつながりは、多様な生き方、相手に対する好奇心を育むことによって実現するのではないでしょうか。

とりわけグローバル化していく二一世紀は、多様な文化と社会の人々が出会い、独特のものの見方・考え方・価値観の交流が行われ、各自が相手と自分の共通性と違いを確かめ合う時代になっていくでしょう。

人は社会という関係性の中に生まれ、その社会のものの見方や考え方を身につけることで社会化され、メンバーとして認められていきます。しかし近年、家族、組織、地域社会、国などの集団が作り上げてきたものの見方や常識は、ときに個人の個性を歪め、独自の能力の発揮をつぶしています。それはジェンダーや人種による差別といった集団間のハラスメントの延長線上にあると考えられますが、社会やある集団が個人に対して行うモラルハラスメントでもあります。課題達成社会では、課題ができない人が排除されるように、ある社会が構成したものの見方や生き方が標準化されると、そこから外れた人を異常、落ちこぼれとみなすようなことが起こります。そのような社会で個性を生きることができない犠牲者ともいえる人々を不適応者として病名をつけたり、異端者とみなしたりすることもあります。

人は社会化を果たしながら自己を構成していくのですが、ものの見方や生き方が多様化していく二一世紀は、個別性を重視したかかわりが求められていくでしょう。そこでは、「違う権利」を認め、アサーティブに語ることが大きな課題となり、葛藤はあってもいがみ合いや排除はなく、誰もがより自分らしい生き方ができる可能性が開かれるでしょう。

なお、ものの見方、考え方とアサーションの関係については、第三章の「万人に通用する真実はない」の項も参考にしてください。

「アサーションしない権利」

アサーションはすべての問題の解決法ではありませんし、ましていつもアサーションをしなければならない表現でもありません。時間とエネルギーに値しない状況では、アサーションしない権利を選ぶこともできます。

例えば、注文通りの食事が来なかった場合、それを取り替える依頼をすることはアサーションです。ただ、急いでいて、運ばれた食事が嫌いではないとき、常に取り替えを要求することはなく、それを食べてもよいということです。あるいは、暴力や危険などが予測される状況では、自分の力量を考慮してアサーティブに立ち向かうのではなく、そこから逃れたり、身を引いたりする決心をすることもできます。それは、立ち向かうのではなく、身を引く決心をアサーティブにしたことになります。

自己選択、自己決断のアサーションには、その責任を自分がとることを含みます。ただ、アサーションしない選択をしたとき、いつもすっきりするとは限りませんし、心残りや悔しい思いを持つことがあるでしょう。その気持ちを誰かに聞いてもらいたいときは、親しい関係の人に未練や愚痴を話しましょう。人は常にアサーションができる状況にいるとは限らないので、問題解決の相談をするのではなく愚痴だとわかって聞いてもらい、愚痴だとわかって聴いてくれる関係があることは大切で、ラッキーなことです。仕事の後、一杯飲みながら雑談で気晴らしをしたり、必要とわかって気持ちのゆとりの回復のために時間をとったりすることもアサーションです。

「失敗する権利」

この権利は、近年「ヒューマン・エラーの権利」とも言われ、神でない人間は不完全であり、過ちや失敗をすることを認めようとする権利です。不完全な人間が過ちや失敗を怖れていては何もできなくなるばかりか、試行錯誤による成功の道も閉ざされるという意味で、アサーションではこの権利を重視します。まして、高度のハイテク化とデジタルツールの普及による日常と仕事の現場は、立場によって見方が異なり、正しさや物事の本質が見えにくくなりました。人間が不完全で、多様性を持つことにより、何が失敗であり、何を咎めるべきかの判断が困難になりました。

もちろん、不注意や意図的ミスなどにはより一層の注意が必要であり、また規則や契約の違反に対しては償う義務も生じます。しかし、複雑化する業務に追い立てられているビジネスの世界では、往々にして責められ、償いを要求されるのは一連の仕事の末端にいる現場の担当者です。また、責任のなすり合いや非難の応酬ゲームも展開されます。人間だからやってしまう過ちや複雑な仕組みの中で発見された過失に対して、「失敗は許されない」と誰かが犯人にされ、厳罰に処されるとしたら、それは人権侵害になるでしょう。

現代は、ヒューマン・エラーを覚悟して未然に防ぐ努力をすると同時に、失敗の内容と質の判断についてはより慎重になる必要があるでしょう。「人と違う権利」のところでも述べたように、いま、私たちは「人間の認識の正しさとは何か」について問い直す転換期を迎えています。

人は交通事故による死亡など取り返しのつかない過ちもいます。それをできる限り償おうとする権利もあります。ヒューマン・エラーには完璧な償いができないからこそ、償いは義務ではなく、できるだけのことをする権利があるのです。また、不完全な償いしかできないとき、人間だから心から謝罪の気持ちを表明することができます。それに赦しの言葉をかけ、感謝を表明することも人間ができるアサーションであることを覚えておきたいと思います。

アサーションを身につけることの利点と活用範囲

最後に、職場のアサーション・トレーニングを実施してきた経験から、アサーションが果たすビジネスへの効果について考えます。

リーダーシップと創造性の開発に

職場で上意下達のコミュニケーションが問われ、自由なコミュニケーションが奨励されてきた背後には、共著者金井さんの専門領域である組織とリーダーシップの研究の成果が大きく関わっています。第二章で金井さんから紹介されますが、よく話を聞く上司、自由な話し合いの場を創り出す社長、集団討議や課題解決の場で一人一人の発言を重視するリーダーの下では、人々の脳が最大に活性化されるため、相互作用による新しいアイデアや創造性が発揮されやすくなり、そこに参与した人々の喜びと自信が創造性をさらに高めるということです。

リーダーシップとは、リーダーが目的と方法を示してメンバーを引っ張ることではなく、集団の誰もが取ることのできる「みんなのもの」です。それは、メンバー同士が一人一人の特徴を知って、互いがその特性を活用してグループの目的行動に参与することであり、個性を生かした貢献がメンバー全員の成果となっていくことです。リーダーシップはリーダーのものではなく、新入社員でもベテランでも集団に必要な機能を果たしたときに発揮されるものなのです。

そこでのリーダーは、集団の成員の特徴と長所を把握して各人の能力が発揮される場づくりをし、集団の目的に応じたメンバーの活用をすると同時に、自らもその場に必要な機能を柔軟に補う人になります。その意味でリーダーは、作業目的の伝達･周知、役割機能の分配、個性に応じた活用と訓練などを心掛ける必要があります。そこには、リーダーはもちろんのことメンバーのアサーティブなコミュニケーションが不可欠でしょう。

企業における管理職のリーダーシップ訓練では、率直で自由な部下の発言を反抗と受け取るのではなく、アサーションと受け取り、アサーションの積み重ねが各自の能力とグループの創造性の発揮の鍵になることを見ることができます。少しかけ離れた例になるかもしれませんが、この数年ノーベル賞を受賞した日本の科学者たちが、そろって研究の発想と追求にはその芽を育んでくれた指導者と細部のところで不可欠な支援を惜しまなかった仲間の貢献が語られます。それは、おそらくどこにでも起こりうる人間の課題追求の姿でしょう。社員がアサーションを理解し活用するようになれば、リーダーシップと創造性の基礎作りとなることが期待されます。

リーダーシップが発揮される職場では、男性と女性の特徴を活かした共同参画が促進され、セクハラやパワハラ、いじめはなくなるでしょう。そこには、相互支援、協働の職場の実現が予測され、必然的にワーク・ライフ・バランスと仕事と人間関係の両立が志向されるでしょう。

メンタルヘルス・人間関係の回復に

近年、多くの企業でメンタルヘルスへの対応策としてアサーションを取り入れるようになりました。その理由は、非主張的な人はストレスを溜めやすく、うつになったり心理的な問題を抱えたりする傾向が強いため、その人たちがアサーティブになることによって日常の健康維持と人間関係の活性化を図ろうとしていることによります。

残業が多く、過剰労働を強いられている人々は、睡眠不足で朝食をとらず、昼・夕を外食ですませ、栄養の偏りによるメタボリック・シンドロームや生活習慣病に陥っています。家族との交流も職場の人間関係もほとんどありません。攻撃的な命令と非主張的な対応によって、いわゆる「無口な職場」「不機嫌な職場」の中で、一日のほとんどを課題達成に使っています。もちろん、アサーティブなやりとりがあることも知らず、コミュニケーションの改善に心を寄せることもなく、ひたすら仕事を進めています。

アサーションの研修の場で、メンバーの中には、自分の仕事ぶりと日常をふり返って、職場でも非主張的と攻撃的の両極になりがちだが、家に帰っても妻には頭が上がらず、本来の自分になれるときはない、と苦笑して語る人がいます。うつになって職場復帰がスムースにいかなかった社員の中には、くり返し休職を続けた挙句、退職に追い込まれる人の割合は四二％（労働政策研究・研修機構二〇一三）もいて、職場のメンタルヘルス、コミュニケーションによる人間関係の予防・回復は緊急の課題になっています。心身の不調が起こってからの対処ではなく、組織の日ごろのコミュニケーションの活性化を図る第一次予防として、アサーションが活用されています。

コンプライアンスの推進に

多くの職場では、急速な業績拡大や短期的な利益優先などによる厳しい経営環境の中で、組織の倫理性を問われるような違法行為や反社会的行為が頻発するようになりました。不正な金銭管理や個人情報の漏洩といった顧客に対する不祥事をはじめ、組織内における過労死、パワハラなども企業の社会的責任の放棄として注視されています。その結果、信用を失い、破たんした企業も出現しています。企業もそこに働く社員もアカウンタビリティ（信用性）の高い言動、倫理的リスク・マネジメントを強く求められています。

コンプライアンスとは、「法令遵守」とか「社会的責任の遵守」と訳されますが、平たく言うとアカウンタビリティの高い活動をすることです。コンプライアンスのある職場では、必要な情報が開示され、社員や顧客を大切にする組織風土やトップの言動があり、安心と希望に満ちた職場環境があるでしょう。人権のところでも指摘しましたが、風通しの良いコミュニケーションのある職場では、安心して気づいたことや意見が語られ、リスク情報も迅速に伝達されて、協力的な問題解決へ進むことができます。

上記のリーダーシップ、メンタルヘルスと併せて、アサーションは誰もが問題提起できるコンプライアンスの推進に一役買うことになるでしょう。

キャリア開発と選択に

アサーションが効果をもつもう一つの領域がキャリア開発です。

何度も述べてきましたが、二一世紀は多様性と複雑性がグローバルな規模で体験されていく時代であり、広い視野をもって個性的で多様な生き方が尊重され社会の到来が望まれています。

これまで私たちは、キャリアを既存の職業と自分の特性の適合性を目安に選択し、その選択は個人の能力の主体性の確立と選択力にゆだねられてきました。とりわけ日本では、キャリアとは職業・仕事であり、キャリア選択とは安定した収入が得られる仕事を見つけることと受け取られており、現在でも若者は、他者から自分の適性を判断してもらい既存の職業や会社に就職（就社）することをキャリア選択と誤解しています。ときには、適性や興味の根拠もなしにコマーシャルなどで有名な会社のＰＲに乗って就職を決める者もいます。その結果、中途退職者や三十代の後半になって改めてキャリア選択に悩む人も少なくありません。

実は、キャリアとは単に職業生活だけを指すのではなく、人の生涯の生き方です。キャリアには市民、家族の一員、ボランティア、余暇人、学生、労働者など様々なキャリアが含まれること、また時代や社会の要請に従って不用な仕事が出てくると同時に新たな職業が創り出されること、さらに近年では、既存の仕事では充足できない志向性や発想による「起業」が可能なこと、などが含まれます。二一世紀のキャリアとは、自分が企画し、自分が構成していく生き方になりました。家族や社会が希望し、会社や家族のためだけに仕事をするのではなく、変化する社会は常に自分の関心と能力を発揮する働きを可能にしましたが、そのためには各自が自己の内面の声に耳を傾けること、つまり内的キャリアを開発することが必要になりました。

二一世紀のキャリア・カウンセリングを展望しているサヴィカス（Savickas, 2011）は、個人は社会の中で客体（object）として順応するために職業に就くのでもなければ、主体（subject）として個の思いを実現するために仕事をするのでもないと述べます。人は、自己の人生を構成しながら、社会の一員として他者とともに社会を創りあげる企画体（project）となることを奨励しています。そして、すでにこのようなライフキャリアを生きている人々はたくさんいます。

アサーションは、自分の思いをありのまま表現し、他者とのかかわりの中でその意味を確かめ、他者とともに生きる道を探ろうとすること、つまりキャリア開発に役立つでしょう。相互交流では、自分の中に抑圧され、眠っている欲求や能力が目覚める刺激が得られ、さらに、家族や社会から押しつけられ、自分の固定観念にもなっている職業観や生き方が問われ、再構成される機会が与えられるでしょう。アサーションは、新たなキャリア開発のプロセスを援け、二一世紀のキャリア形成に資するところ大だと考えます。

【引用・参考文献】

アルベルティ，Ｒ．Ｅ．／エモンズ，Ｍ．Ｌ．『自己主張トレーニング　改訂新版』菅沼憲治・ジャレット純子訳　東京図書　二〇〇九

ディクソン，Ａ．『第四の生き方―「自分」を活かすアサーティブネス』竹沢昌子・小野あかね監訳　つげ書房新社　一九九八

平木典子『自己カウンセリングとアサーションのすすめ』金子書房　二〇〇〇

平木典子『図解　自分の気持ちをきちんと〈伝える〉技術』ＰＨＰ研究所　二〇〇七

平木典子『改訂版　アサーション・トレーニング―さわやかな〈自己表現〉のために』金子書房　二〇〇九

平木典子『アサーション入門―自分も相手も大切にする自己表現』講談社現代新書　二〇一二

平木典子『図解　相手の気持ちをきちんと〈聞く〉技術』ＰＨＰ研究所　二〇一三

平木典子『アサーションの心―自分も相手も大切にするコミュニケーション』（朝日選書９３１）朝日新聞出版　二〇一五

平木典子編『アサーション・トレーニング―自分も相手も大切にする自己表現』ぎょうせい　二〇〇八

平木典子他『「ほめ言葉」ブック』大和出版　二〇〇八年

平木典子監修・指導『アサーション〈自己表現〉トレーニング―基礎理論編―』チーム医療　二〇一三

平木典子・田中早苗監修『ＤＶＤセクハラがなくなる話し方・接し方』日本経済新聞社　二〇〇六

ＮＨＫ放送研修センター『２０１２ビジネス・コミュニケーション調査』二〇一二

日本経営協会『ビジネス・コミュニケーション白書２０１５』第七回ビジネス・コミュニケーション実態調査　二〇一五

労働政策研究・研修機構「メンタルヘルス・死傷病などの治療と職業生活の両立に関する調査」二〇一三

日本生産性本部『職場のコミュニケーションに関する意識調査』二〇一四
Savickas, M. L.『サヴィカス　キャリアカウンセリングの理論』日本キャリア開発研究センター監訳　福村出版　二〇一五

【Eラーニング教材】

平木典子・笹本雄司郎監修『コンプライアンス推進のためのコミュニケーション・トレーニング』第一法規株式会社

第二章　ビジネスパーソンが置かれている現状

社員はなぜ希望を語れないのか

金井　現在、日本をながらく覆っている閉塞感の原因は、今はつらくてもその状態から回復するという将来のシナリオを描けないことにあるのではないかと思います。

個人レベルでも、職場や会社や産業界を見回しても、あるいは日本という国全体で見ても、私たちは今までに経験したことがないような状況に置かれています。しかし、この逆境をどうやって跳ね返せばいいのかがわからない。政治家も、経済団体も、労働組合も、個別の企業経営者も、力のあるミドルも、なかなかシナリオを描けていません。

元々日本人はけなげな国民性をもっており、つらい目に遭ってももち直す力、ポジティブ心理学で言う「レジリエンス（resilience）」を発揮してきました。レジリエンスはふつう「回復力」と訳されますが、「バネのようにしなやかに元に戻す力」と理解するのがいいでしょう。そういう力が日本人にはきっとあるはずで、過去においても関東大震災や敗戦といった幾多の困難を乗り越えてきました。

けれども、今の状況は、ただ頑張るだけでは乗り切れません。人口が減り、国の勢いが小さくなっていく中で、打てる手はすべて打っているのでしょうけど、なかなか「日はまた昇る」という気持ちになりにくい。高度経済成長期にみんなが抱いていたような希望を見いだしづらいままです。

世代間抗争のような話にしてはいけないのですが、現状の受け止め方は、世代によっても異なるのではないかと思います。団塊の世代の人たちは定年退職しましたが、その数年から一〇年ほど若い五〇代の世代のひとたちまでは、はっきりと口に出しては言わないものの、「自分たちは、日本がよかった時代に人生の重要な時期を過ごせた」という安堵感を心のどこかで抱いているでしょう。

また今、企業で役員や部長を務めている人たちの中には、「できることなら、このまま大過なく勤め上げて定年を迎えたい」と思っている人がいるのではないかと思います。そんなふうに「逃げ切り」に入った人たちは、今さら大きな絵を描いて会社を引っ張ろうとはしません。

さらに、そのもっと下の世代には、いわゆる「塩漬け」にされてしまった人たちがいます。会社に入社した直後にバブルがはじけてしまい、その後の採用が減ったため、若いうちに人事ローテーションでさまざまな仕事をするとか、後輩を率いてサブリーダー的な役割を果たす、といった経験をしてこなかった人たちです。そういう人たちがいよいよ管理職になって、部下とどう接しているのか、これも非常に気になるところです。

平木　私が企業の研修で感じるのは、ビジネスパーソンの間にあきらめ感が広がっているのではないかということです。企業の人たちからは「それは平木さんの想像ですよ」と言われますが、ビジネスパーソンたちは、「よほど優秀ではないと、自分がやりたい仕事なんてできない」とか、「よほどえらくならないと、会社を動かせない」といったふうに考えてしまいがちなのではありませんか。

自分は優秀だという自信がある人は、「もっとえらくなってやろう」と前向きになれているのでしょうが、そうでない人たちは「自分はどうせここ止まり」とあきらめてしまい、「自分にはやれることがある」とか、「この会社で最大限の力を発揮できる」といった希望を持てていないようです。特に大企業では、自分と他者とを比べて「自分には無理だ」と決めつけたり、あきらめたりしている社員が多いような気がします。企業は社員に希望をもたせない世界になっているのではないでしょうか。

金井　ベンチャー系の経営者たちは、このような時代環境でも、ちゃんと夢を語りますよね。私の教え子にも谷井等さん（シナジーマーケティング社長）や佐藤栄哲さん（エイブルワーク社長）というベンチャー経営者がいて、希望をたくさん語れるような会社をつくり、谷井さんの方は自社を上場させました。厳しいこともあるでしょうが、会えばいつも元気で、元気なベンチャー経営者どうしで相互に刺激し合い、私のゼミ生にも根拠のある元気づけをしてくれます。

世の中にベンチャー企業はたくさんあります。ですから、今の若い人たちには、夢や希望を抱きやすい会社に就職するという選択肢も用意されているのですが、学生たちの就職活動の様子を見ていると、全般的には、やはり大企業の社名に魅力を感じてグラッとくる人が多いようです。大きな会社が大丈夫だとは限らない時代になっているのに、企業を選択するときの目が、私たちの時代とあまり変わっていないんですね。もっとよいアドバイスができればと私も思っているのですが。

平木　東北地方でボランティアをしている人の話によると、近頃は被災地に住みついて支援活動に携わっている若者がとても多いそうです。そういう若者たちは、アルバイトで稼いだなけなしのお金を持ってやってきて、昼間は復興支援のために重労働をしたり、被災した人たちの話に耳を傾けたりし、夜は暖房もない部屋で寝袋にくるまって眠っているのだそうです。そして、手持ちのお金が突きると、いったん地元に帰ってアルバイトをして生活費を稼ぎ、また被災地に帰ってくる。そんな暮らしに生きがいを見いだし、「充実している」とか「意味がある」といった言葉を口にすると言います。

おそらく、そういう若者たちは、都会の企業で働くより、東北の被災地で働く方が希望を見いだせると思っているのでしょう。彼ら彼女らは、自分たちが今一番しなくてはいけないことは何なのかがよくわかっているし、ベンチャー系の経営者の心性と共通するところがあって自分の存在に意味を感じている。本当は企業の側が、若者が希望や意味を見つけられるような組織に変わらなくてはいけないのだと思いますが。

金井　企業で働く人たちの中にも、希望や将来について真剣に議論したいと思っている人はいるんですよ。ただ、今の状況で難しいのは、明確な「悪者」や「犯人」がいるとは限らないことです。だれかのせいで状況がわるくなったというより、時代がきびしくなったと思うのがふつうとなり、そんな中で、あえて特定の戦う相手がみえない。戦う対象がいれば、そこを突破口に、より望ましい将来が展望できるなら、人はわりと元気になれるものなのですが、そうでないものだから、なかなか元気が出ない。

また、せっかく深く物事を考えていても、組織の中で自由にものが言えなかったり、言っても話を聞いてくれる人がいなかったりして、のれんに腕押しの状態が続くと、先に述べたように、やがて学習性無力感に陥りますよね。

しかし、言いたいことは言いたい人に直接言える状況をつくると状況は変わってきます。個人レベルの問題にとどまりません。私は組織レベルやコミュニティ・レベルでもアサーションが大切だと思っています。現在の閉塞感について、いたずらに「悪者探し」や「犯人探し」をするのではなく、企業や組織を動かすためのテコを探して実際の行動に移せるビジネスパーソンがもっと出てくればいいと期待しているんです。

集団の力を信じる

平木　その通りだと思います。私はカウンセリングをするとき、ある人が起こす問題行動はその人だけの問題ではないと考えるようにしています。

金井　その人だけを「悪者」と決めつけないということですね。

平木　はい。その人が何らかの症状をもっているからといって、その症状が治ればいいという発想はしないんです。そういう症状をつくらないようにするためにはどうしたらいいか、その人の苦しみはその人だけのものではなく、周囲の人たちも苦しんでいるのではないか、と考えます。

組織を見る場合も同じで、ある人が問題を抱えているとしたら、そこには関係の問題が生じる可能性があり、周りの人たちも取り込んで改善する方がいいと考えますし、集団の中で犠牲者のような状態で問題を抱える人を出さないようにするためにはどうすればいいのかという発想になります。

元々私は、「Tグループ（トレーニング・グループ）」のトレーナーをしながら臨床心理の訓練を受けました。

Tグループというアプローチは、グループ内での率直な話し合いの中に、個人の啓発と発達、人と人との相互関係の芽があるという考え方に立っています。参加者たちは自由に話し合いながら、自分らしさを発揮し、自分とは違う人を理解し、相互にかかわっていくことで、グループとしてのクリエイティビティを発揮していきます。ですから、集団内の相互作用が建設的に展開していれば、人の数の総和以上の力が出てくると私は信じているんです。

金井　本当によい組織やグループは、メンバーが言いたいことを言いたい人に直接言える場ですよね。べつにアサーションという言葉を知らなくても、それが自然とできていたら、その組織やグループでは品格あるアサーションが実践されていると言えませんか。

平木　そうだと思います。人は、自分がやりたいこと、やれることをきちんと把握し、口に出して言えた方がいいんです。でなければ、自分がやりたいことは見つかりません。

ただし、組織の中で誰もが言いたいことを言えるようにするためには、金井さんもご指摘のように、話を聞いてくれるキャッチャーが必要です。そういうことも考えつつ、私は企業に行ってアサーション・トレーニングをやっているんです。

金井　企業の中でマネジャー・クラスになったら、部下を持たない担当課長を除くと、他の人々を通じてことをなしとげるというのがマネージャーの仕事となります。マネージャーにとって、仕事の半分以上の時間が「人」に関することになります。管理者の自営行動の研究によれば、彼らは、自営行動の中の七〇～八〇パーセント以上を対人コミュニケーションに費やしています。このように、仕事のかなりの部分が人とのかかわりであるのなら、マネージャーも心理学、中でも臨床の知にふれるべきです。また経営学で組織の中において臨床心理の知をカウンセラーの専売特許にしておくのはもったいない話です。また、実践家の皆さんにとっても、少なくとも人の問題で悩むことのあるマネジャーなら、臨床心理について最低限のことを学んでそれを、仕事の中の人間関係に生かすのがいいと思います。アサーションはそのためのいい入り口になりますし、うまく誘導できれば、マネジャー層向きですよね。

平木　そうだと思います。近年では、管理職研修にとり入れる会社も増えました。

求められるメンテナンス力

金井　先ほど、平木さんは、企業で働く人は希望をもてていないと言われました。私は、希望をもっている人は、いる所にはいると思っています。たとえば性別という点からみれば、どちらかと言うと、女性の方が元気ではありませんか。

平木　その通りです。女性が元気なのにはたぶん理由があって、一つは、女性にはまだフロンティアがあるからです。今、企業で働く人たち、とりわけ男性が閉塞感にとらわれているのは、目指すべきフロンティアがなくなったと思っているからでしょう。女性の場合はまだそれがあります。男性が制覇してきた領域で女性がまだ進出していないところはたくさんありますから見えやすいし、女性はそこを目指していけば、わりと希望をもてるんです。

それと、男性が元気を失っているのは、目の前の仕事の多忙さに集中しすぎているからでしょう。会社の中では、「これをやれ」「次はこれをやれ」「その後はこれをやれ」という具合にタスクが次々に降ってきて、断片化されたタスクの飽和状態に陥っています。

女性はそういうタスク一辺倒の状態そのものに疑問を感じるんです。なぜなら、女性の場合、人をケアする仕事がいつも降ってきますから、家族や子どもの世話をする、相手のことを考える、困った人を助ける、といったことの大切さを知っています。企業の中にいても、タスク中心で働くのはおかしいとか、人はケアすることで元気になるとか、チームのメンバー同士が仲良くなった方が仕事はうまくいく、といった発想を持っています。

金井　困ったときは助けを求めてもいいのだということも女性は知っていますね。

平木　知っています。

金井　以前、ある会社の研修で平木さんとご一緒させていただいたときも、先生はタスクとメンテナンスの話をされました。産業革命以来、人間がやらなくてはいけない仕事はずっと増え続けており、企業で働く人はタスクを遂行することばかりを考えてきた。人を相手にしながら働いているのだから、本当は関係性のメンテナンスも大事なのに、そのことをすっかり忘れているとおっしゃっていました。

その例として挙げられたのがミシンの話で、家庭の奥さんは、向き合う相手が機械であるミシンでさえ、きれいに磨いたり、油をさしたりしてメンテナンスをしながら大切に使っているのに、会社で働く旦那さんはいっしょにいる職場の部下に対するメンテナンスを大切にしていない可能性があるという興味深い比較をされました。

この話はとても印象に残っています。企業で管理職を務めている人、たとえば工場のような大きな職場でたくさんの部下を抱えた管理職が、タスクばかりにとらわれて、部下のメンテナンスにまったく無頓着だったら、大変まずいことになりますよね。

この男女の性別によるケアや世話の意識や講堂の違いについてもう少し話をさせて下さい。アイデンティティの概念の提唱者としても知られるエリクソンは、漸成説と呼ばれるライフサイクル論を展開し、その中で、人は中年への過渡期にさしかかったときに次世代のケアができるようになると述べています。その下りを私は抵抗を感じずに読んだのですが、エリクソンの弟子に当たるキャロル・ギリガンはこの説に批判を加えています。女性であるギリガンにしてみれば、中年になってようやくより若い世代に対するケア（世話をすること）に入門するということ自体が、女性の視点から見ると男性の発達不全を表しているように感じられるのでしょう。

実際、女性の中には、幼い頃から家族のケアをする経験を積んだ人がいますし、そういう人はタスクとメンテナンスを分けずに、気持ちのメンテナンスのために他の人々の気持ちについてケアすることをタスクの一部と見たり、あるいは会社でのタスクは、管理職ならば部下たちとともになしとげるわけだから、そういう人たちへのケアを内包していると考えたりすることができるのでしょうね。

平木　企業の研修でアサーション・トレーニングをしていると、男性より女性の方がメンテナンスのアサーションを何気なくできる人が多くいます。そのことを女性は意識していませんから、私は「あなたは人の話が聞けていますから、大丈夫ですよ」とアサーションの理論で裏づけするようにしています。そうすると、その女性のメンテナンス力はさらに強化されます。

しかし、男性を凌駕しようとしている女性は違いますね。仕事をする能力は高くても、メンテナンス力が低い。タスク一辺倒でやっているうちに挑戦的になってしまうのでしょう。

金井　男性を上回ろうと頑張っているうちに、いつの間にか自分も周りのひとに攻撃的になるという点で「男性化」してしまうのでしょうね。企業社会が長らく男性中心で男性原理で主導されてきたため、仕事軸あるいはタスク軸が肥大し、関係軸、つながりのメンテナンスが軽視されてきた面があります。少なくとも中年になるころは、男性も、関係性のメンテナンスの力にもっと目を向ける必要がありますね。組織でフォロワーを育み、家庭で子どもを育む親としての役割を果たすためにも。

リーダーに求められる個別配慮

平木　アサーション・トレーニングで会話のロールプレイをしていると、男性と女性では声のかけ方が違います。男性は相手役の人に対して「なるほど、それで？」といった事務的な態度をとりがちですが、ケアやメンテナンスの力がある女性は「大変ねえ」といった言葉を挟みながら話を聞きます。そういう態度が身についているんです。

もちろん、男性の中にもタスクとメンテナンスのバランスがとれている人はいます。私はある会社で、課長研修に続き部長研修でもアサーション・トレーニングをやるようになったのですが、その中には、課長の頃からアサーションが上手にできた人たちが多く含まれていました。

部長の中には「最初はアサーションで自分がそんなに変わるとは思っていなかった」けれど、部下からは「課長は変わった。前よりも話を聞いてくれるようになった」と言われたそうです。アサーションは話し方だけでなく、聞き方でもありますから、トレーニングを通じてアサーティブな聞き方にみがきがかかり、メンテナンス力がついたのでしょう。

金井　リーダーシップ研究では、タスクとメンテナンスに相当するものが、リーダーの行動を測定する尺度としてよく使われます。九州大学、後に大阪大学におられた三隅二不二先生のPM理論では、「パフォーマンス（P行動）」と「メンテナンス（M行動）」の二つの軸が提示され、課題や目標の遂行、そして達成がP行動、フォロワーたちへの心づかいやねぎらいの言葉などがM行動と呼ばれています。また、海外に目を向ければ、オハイオ州立大学では、「構造づくり」と「配慮」といったものが、今、平木さんが示されたタスクとメンテナンスの対比に対応しているように思われます。

そして、並はずれて高業績をあげるカリスマ的なリーダーたちの研究をしたバーナード・バスは、それまで「配慮」と呼んでいた尺度をわざわざ「個別配慮（individualized consideration）」と言い直しました。何が配慮に当たるのかは、リーダーの相手となる一人ひとりの部下の個性によって違うと考えたからです。それでも、フォロワーや一緒にいる人の幸せや満足でなく、つい業績中心に考えるところが、経営学の性《さが》でしょうか。

個別配慮の例として、たとえば、リーダーが、仕事の内容について長々と教えられるのを嫌がっている部下に丁寧に教えすぎ、きちんと教えてほしいと思っている部下に「任せた」の一言で片づけてしまったら、問題ですよね。配慮というのは、一筋縄ではないかない。一人ひとりの顔をみて、そのひとにあった心配りをすることですから。

平木　リーダーシップというのは、それぞれの部下の個別性を含めて集団を生かすことですものね。shared leadershipという考え方は、アサーションと重なります。一人ひとりが自分らしさを発揮しながら、一人ひとりのリーダーシップを発揮し、それを支える上司がいること。

金井　部下の個別性を認め、同時に部下によってはリーダーシップをともにシェアするというのが、アサーションとかかわるというのに、初めて気づかされました。リーダーシップ論の中でリーダーに個別配慮が必要だと言われるようになったのは、部下一人ひとりに個性があることに加えて、さらに言えば、唯一最善のリーダーシップ行動などというものがそもそもないからです。リーダーの行動は、タスクの種類や部下の成熟度合いといったさまざまな要因に依存しています。だから、いつでもどこでも有効なリーダーシップ行動があると結論づけない方がいいと考える研究者が出てきました。このような考え方を状況アプローチと呼びますが、リーダーには状況を診断する感受性が求められると言った方がいいでしょうね。状況を読み、人の顔だけでなく、一人ひとりの持ち味も見るリーダーシップが大切なんです。部下みんなに一様に配慮が行き届いているか、ということより、一人ひとりの個人に個別に適合した配慮ができているかどうかが問題です。部下は十人十色なのに、一律の方法で形式的に配慮しても、それでは相手も喜ばないでしょう。職場でアサーションを生かすときにも、個別配慮が必要になることがあるでしょうか。

平木　はい。あるとき、アサーション・トレーニングで受講者から質問を受けました。その人は自分の部署をいいチームにしたいと思っているのですが、たとえば、チームの誰かのパソコンの画面が急に真っ黒になったとき、メンバーみんなが集まってワイワイ言いながら対策を講じているのに、一人だけその場から自分の席にすぐ戻って、黙って仕事をしている人がいると言うのです。質問者は「もうちょっと、みんなと一緒にいてくれればよいのですが」と困った様子でした。

私が「その人はどんな特徴を持つ人なんですか」と聞いたところ、自分のやりたいことはやるし、やらなくてはいけないこともちゃんとやるけれども、他のメンバーとの会話や交流をしたがらない人だということでした。

そこで、私は「もうちょっと観察してみてください」と伝えました。もしかすると、その人は、対人交流があまり好きではないのかもしれませんし、みんなが集まったことでパソコンの問題が解決しそうなのであれば、自分はいなくてもいいだろうと考えているのかもしれないからです。そういうことも個別配慮に当たりますよね。

金井　そういう方に対して、悪い意味でなく、良い意味で「放っておく（leave him alone）」というのが、この人に固有の思いやりになりますから、今、例にあげられたことは個別配慮の興味ある例です。

怒鳴る上司に何と言えばいいのか

金井　実際にどのくらいの企業がアサーションを導入しているのかを調査をするのは、時期尚早なのでしょうか。

平木　企業からの研修依頼はここ一〇年ぐらいで増えていますし、私が開発した日本・精神技術研究所（日精研）のビジネスパーソン向けアサーション・トレーニングに個人で参加する人も増えています。それから、ビジネ・スコンサルティングの人たちが、人間関係研修のプログラムの中にアサーションを採り入れている可能性もあります。最近は、日精研のトレーニングに参加するコンサルタントも多くなっています。どのように調査するとわかりますかね。

金井　コンサルタントとしてアサーションの教え方を学びたいんでしょうね。

平木　個々の企業による大規模な試みとしては、例えば、日立製作所が二〇〇八年から二〇一二年にかけて、約四〇〇〇人の管理職を対象にアサーション研修を実施したと聞いています。私のトレーナー訓練を受けた人が企画・実施した研修なので知っていますが、現代では社内にトレーニングができるスタッフも育っています。

金井　会社が目指すビジョンや、そこに到達するための戦略といったものはトップが考えるものです。そうでなければ、「船頭多くして、船、山に登る」の状態になりかねません。しかし、ビジョンや戦略に沿っている限り、社員は言いたいことは大切なことであれば、しかるべきひとに言えることが、よい変化につながります。それができているかどうかは、企業を見るうえでの大事なポイントではないかと思います。

平木　しかし、ビジネスの現場では、部下が上司に対して言いたいことが言えないような場面が多いようです。

私は、企業で働く人たちからよく、「乱暴な言葉で怒鳴る上司にどう対応したらいいのかわからない」という相談を受けます。そんなとき、私はまず「あなたはどうしたいの？」と尋ねます。「どうすればいいか」を考える前に、「どうしたいのか」をはっきりさせることが大事だからです。

そこで相談者が「上司とちゃんと話したい」と言えば、「では、あなたは、どういう状態なら、ちゃんと上司と話せますか」と聞きます。そのうえで、たとえば「上司とちゃんと話したいけど、怖くて話せない」と相談者が言ったとしたら、「じゃあ、怖くて話せないと言ってみては？」とアドバイスします。すると、相談者は「えっ？」とびっくりします。

金井　アサーションを習わない限り、そんなことは言ってはいけないはずだと、自分で検閲をかけてしまっているんですね。また、「どうしたいですか、あなたとしては」と聞いてくれるというのも、相談者に接するときのポイントですね。

平木　そうなんです。怒鳴る上司に困っているのであれば、「困っています」と正直な気持ちを伝えることが大切です。アサーションは気丈に戦うことではありませんから。

金井　アサーションをそのように取り違えている人には、実に適切な助言ですね。ところで、怒鳴る上司も困りものですが、最近は静かすぎて気持ちが悪い職場もありますよね。ほとんど話し声がしなくて、カチャカチャとキーボードを打つ音だけが聞こえる。電子メールを使うことのマイナス面についても考えることがあります。キーボードにタイプせず、フェイス・ツー・フェイスで、怒鳴るのは良くないですが、声をかけるという点だけは希望が持てますね。

平木　逆にそうですね。課長の中には、隣の人とメールでやりとりするようなことはやめましょうと言う人もいるようです。

一九七〇年代にアルバート・メラビアンがやった古典的な実験では、言語と聴覚情報（声の調子）と視覚情報（表情や身のこなし）を使って、あえて矛盾したメッセージを出した場合、メッセージが伝わる割合は、言語が七％、聴覚情報が三八％、視覚情報が五五％という結果が出ています。つまり、受け手は、言語よりも非言語的メッセージの方を多く受け取るんです。

金井　視覚から最も情報を多く取っているというのは、進化心理学的に考えても説得力がある結果ですよね。強くもなく、逃げ足が速いわけでもない私たち人類の祖先が生き残っていくためには、遠くにライオンを見つけた時点で、吠えるのが聞こえないほど遠くでもその姿に恐れ、すぐに逃げなければならなかったでしょうから。もちろん、いまは電子メールでやりとりをできる時代ですので、それに適合したアサーションが求められますか。

平木　メールでは発信者の声の調子も伝わりませんし、表情もわかりません。顔文字を使っても、発信者が言いたいことの半分も伝わっていない可能性があります。文字のやりとりでは、まず相手のメッセージを受け取ったことを返して返答を書くこと、メンテナンスのことばかけを入れることが大切でしょうか。

感情労働を強いられる人たち

金井　企業以外に目を転じますと、看護関係がアサーションの普及にとても熱心だと聞いていますが。

平木　看護師団体がアサーション・トレーニングを全国に展開しています。おそらく、仕事別で見ると、アサーションが一番広まっているのは看護師の領域でしょう。

私が思うに、たぶん看護師ほど、多様な人を相手にしなくてはならない仕事はありません。患者さんはいろいろで、中にはクレーマーのような人もいますから、看護師は常に感情を自分でコントロールしなくてはならない「感情労働」を強いられます。また、医師や上司からパワーハラスメントを受けることもあり、多職種の人々との関わりも多くあります。

金井　マルクスが「労働の疎外」を論じてからずいぶんたちますが、感情労働を定義したアーリー・ホックシールドは、人が本当に感じたままの感情ではない感情を無理して表出することは労働疎外の新たな形態だと述べていますね。ホックシールドは航空会社の客室乗務員の調査をして、彼女たちが笑顔でポジティブな感情の表出を求められる仕事を通じていかに自分自身の心をすり減らしているかを明らかにしました。客室乗務員は、お客さんに、本当は不快な気持ち、いやな感情を持っても、それを抑えてニコニコと嬉しそうにふるまわなければなりません。実際に感じていることと違う感情を、表出せざるを得ないというのも疎外の一形態というわけです。

平木　私も客室乗務員向けにアサーション・トレーニングをやったことがありますが、上下関係、サービス中心の仕事にはアサーションが必要だと思います。

金井　航空会社の人事部もアサーションという分野に気づいてよかったですね。ところで、客室乗務員もそうですが、バーンアウト（燃え尽き症候群）になりやすいのは、人そのものを扱う職種（people-procesing occupation）に携わっている人だとも言われていますね。

平木　最近の心理学では、「コンパッション・ファティーグ（compassion fatigue：共感疲労）」に関する研究も盛んになってきています。人をケアする仕事では、共感的、同情的に相手にかかわることで疲労して、バーンアウトすることが多いんです。虐待やＤＶの相談を受けるカウンセラーの中にもそういう人が多いようです。

私が企業研修に行ってよく話題にするのは、苦情受付係に当たる部署で働く人たちのことです。顧客からのクレームを処理する仕事をしていると、相手に対してずっと謝罪し続けなくてはなりません。ときには罵声を浴びせられながら、それでも感情を抑えて「申し訳ありません」と言わなくてはならない。アサーティブに対応することなど許されないわけです。そうすると、心の中に汚れのようなものがたまっていきます。そうならないために、私は企業に対して、「苦情受付係の人たちが仕事の中であったことを話せる場所と相手を用意してください」と言っています。

金井　アサーティブに対応することが、クレーム処理部門では許されないので、このようなくつろげるバックオフィスで、仲間どうしで話し合える場が大切になってくるのですね。

企業はアサーションに何を求めているのか

金井　職場や組織でアサーションを実践する場合は、一対一の関係においてだけではなく、複数の人たちがいる場で、つまりグループや組織の中でアサーションが実践できているかどうかという視点が大事なのではないかと私は考えているのですが。

平木　企業でアサーションを実践する場合、一対一のコミュニケーションでアサーションができていることもとても大事なのですが、それだけですませてしまうと、「上司はちゃんと部下の話を聞けばいいんだろう」とか「上司は部下を大切にすればいいんだろう」といった結論に落ち着いてしまいがちです。これでは、私たちが個別にカウンセリングをやっているのとそう変わりません。

私自身は、企業で働いている人たちの関係性が変わり、システムが変わっていくような形でアサーションが広がっていくことが大切だと思っています。しかし、そこはまだなかなか難しいようです。

金井　まさに、平木さんらしいシステム論的なものの見方ですね。また、仕事の世界は、タスク主導のつながりとなりますので、関係性に光を当てる視点として、カウンセリングやコーチング以外にアクティブ・リスニング（傾聴）とアサーションをペアにして活用することも大切になってくるでしょう。産業社会は現実にはそこまで進んでいないとしても、日本の企業は、まず最初のステップとして一体どんなことを考えてアサーションを導入しようとしているのでしょうか。

平木　企業がアサーションを導入する目的の一つは、メンタルヘルス対策です。まじめでおとなしく、はっきりものが言えないような社員がうつ病になることが多いため、その人たちが自己抑制をしすぎないように、対策としてアサーションを取り入れようとしている企業が増えてきました。

そういう企業に対して、私は「アサーションを取り入れたら、部下は生意気になるかもしれませんよ」と言います。

たとえば、上司が部下に対して「今夜、残業してもらっていいかな」と聞いたとき、部下が「今夜はまずいんです」と断ったとしましょう。そういう部下はうつにはならないかもしれませんが、上司から見れば生意気かもしれませんよね。「それでもアサーションを導入しますか」と私は企業の人事部の人たちに確認するわけです。

それから、管理職のリーダーシップ研修のためにアサーションを導入する企業もありますが、そういう企業に対して、私は「よりよい組織をつくるために管理職は会社の方針に反することを言うようになるかもしれませんが、いいですか」と聞いたりします。

はたして、企業は、アサーションを、うまく部下を使う方法、〝Ｎｏ〟と言わせない説得の仕方といったビジネススキルとして管理職に身につけさせたいのではないかと思うからです。私としては、アサーションで集団が変わってほしい。もっとも私は組織の改革を依頼されているわけではないし、企業の側も組織改革を目的にアサーションを導入しようとまでは考えていないのかもしれませんが、自他尊重のやり取りができるようになれば、組織は変わると思うのです。

金井　企業の側に過大な期待や間違った期待があると、導入段階で苦労されることもあるでしょうね。一人ひとりが変わるだけではなく、その先には、自他尊重の姿勢で職場という集団も企業という組織を変革するのが望ましいという展望をお持ちなのですね。他にも、どのような注意がアサーションの導入時に必要でしょうか。

平木　メンタルヘルス対策としてアサーションを導入したいという企業に対して、私は「うつになった社員のデータと対応を出してください」とお願いするようにしています。企業は、社員がうつになるのは本人のせいだと考えている場合がありますから、まず社員のメンタルヘルスの実態についてデータを出してもらい、仕事の特徴やメンタルヘルス対応を知った上で、アサーションのトレーニングに入っていきます。

また、コミュニケーション訓練としてアサーション・トレーニングを実施するときは、その会社の上司と部下のコミュニケーションについてのアンケートを事前にとってもらったりします。トレーニングの冒頭で、受講者にふだんのコミュニケーションでどのくらい苦労しているのかを話し合ってもらうこともあります。

金井　メンタルヘルス対策、リーダーシップ研修に加えて、コミュニケーション訓練が企業においてはアサーション導入の第三の分野ですね。この分野ではコミュニケーションのずれに気づいてもらうのでしょうか。

平木　そうです。部長は、自分は部下に伝えるべきことは伝えていると思っていても、部下にしてみれば、必要なことが伝えられていないとか、聞かされていないと回答しています。その状態を知ってもらってから、トレーニングに入ります。

それから思いのほか難しいのは、新入社員の研修でやるときですね。新人はバラエティに富んでいるため、アサーションについての受け止め方がそれぞれ違います。アサーションを知ってコミュニケーションのあり方に目を開かれる人もいますし、「そんなことはとてもできません」と躊躇する人もいます。

金井　新入社員を対象にするのが、これから取り組まれるべき第四の分野ですね。人生でいちばん自由な学生生活をすごした後、上のいうことは聞かないといけないという仕事の世界に入ったとき、それでも、相手を尊重しつつ、新人であっても言いたいことが言えるのだと知ることが大切なのですね。この新人という分野を含め、多様に微妙に異なるニュアンスでアサーションが企業に必要とされる多面的な姿が見えてきました。

アサーションを学ぶと自己評価が下がる

金井　言いたいこと、言うべきだと感じることを、言いたい人に、できれば言いたい今ここというタイミングで言える、それも相手も大切にしながらそうできると、コミュニケーションが変わるだけでなく、職場、組織の雰囲気も変わると思うのですが、いかがですか。アサーション研修を導入した後の企業の反応はどんな感じなのでしょうか。

平木　企業は、自分たちの展望やその中におけるアサーション研修の位置づけについてあまり多くは語ってくれません。自社の社員を直に私たちに見られてしまうのですから、それは無理もないことなのかもしれません。

ある会社では、当初、メンタルヘルス対策として課長層を対象にアサーション・トレーニングを始めました。その会社の課長たちは、多忙の中でかなりのプレッシャーを抱えていたため、彼らがもっと言いたいことを言えるようにするためにアサーションを身につけてもらうという狙いのようでした。

ところが、間もなく、課長たちは部下に対してプレッシャーをかけるようになってしまったのです。課長たちの中に、「これをやっておけ」と上から来た指示を部下に命令するのがアサーションであり、そうすれば、部下から「はい、わかりました」という反応が返ってくるだろうという勘違いが生まれていたんです。

さらに、その後どうなったかと言うと、課長が「これをやって」と指示すると、「無理です」

と言う若い部下が出てきました。その部下は無意識にそう言ったのかもしれませんけれども、上司からの指示に対して「無理です」なんて、すごくパッシブアグレッシブ（受け身でありながら攻撃的）な言い方でしょう。いきなり部下からそんなことを言われたら、上司はびっくりです。「そういうとき、何と言って返せばいいのでしょうか」と聞く課長もいました。

そこで、私は研修担当者に会って、その会社におけるアサーションの位置づけについて尋ねました。それから人事部長とお話をするチャンスをもらい、「アサーションがメンタルヘルスに役立っていることは確かだと思いますが、社内の誰もが言いたいことを言えるようになることが理想ですし、そのための研修をやらせてもらえるのであれば、もっと自由にいろいろなトレーニングができます」と提案しました。幸い、人事部長は了解してくれアサーションを部長研修にもとり入れ、今はリーダーシップを含めた研修をしています。

金井　アサーションを言いたいように言って命令すればよいと勘違いした上司に対して、部下が受動的攻撃性で応答してしまったら元も子もないですが、この会社の場合は人事部長がかなりものわかりのいい方でよかったですね。それにしても導入時には、いろいろな配慮が、アサーショントレーニングのプロの側にも、人事、研修、ラインマネージャーの側にも必要ですね。

平木　そう。アアサーショントレーニングの効果は、一直線に上昇するとは限りませんので。サーション・トレーニングをやると、受講者の自己評価が下がることがあります。研修を受ける前は「自分はアサーティブなコミュニケーションができている」と思っていた人が、研修後に「自分はできていなかった」と思い直すことがあるからです。

金井　ビフォー・アフターで評価すると、アフターの方が、できていなかったことの気づきを通じて、アサーションについてより敏感になるとポジティブに解釈することもできますね。

平木　その通りです。ですから、人事部長には「受講者の自己評価が低くなっても、この研修はダメだとは思わないでください」ともお願いしました。人事部長はそれについても了解してくれました。

金井　アサーションを理解していないと人事部長はそれを導入しないでしょうが、いざ導入するとなると、アサーション研修のもたらすものに対して、プラスの面以外も含めて、人事部長の理解の必要度が増すということに注意がいります。

正解を探したがる日本人

金井　ここで、あえて改まってお聞きしたいのですが、ビジネスパーソンがアサーションを学ぶ上での注意点のようなものはありますか。

平木　まだまだアサーションは誤解されているのではないかと思います。たとえば、アサーションは、自分の意見を言って相手に「イエス」と言わせるための技術だと考えている人がいます。どちらかと言うと、攻撃型の人がそう考える傾向があり、ＤＥＳＣ[注1]というアサーティブなセリフづくりのヒントがあるのですが、それを学べば、ビジネスで相手の説得に使えるのではないかと期待しているようです。

金井　交渉術の技法として、相手にうまく影響を与えるのに、ＤＥＳＣ法が使えそうだと言えますか。

平木　交渉というより、説得の場面ですが、アサーションを使いたい人に、「相手がアサーティ

注１　ＤＥＳＣ法（デスク法と呼ぶ）とは、バウワー夫妻とケリーの発案による問題解決のやり取りのための四つの要素 Describe・Express と Empathize・Specify・Choose の頭文字を取った「セリフづくり」の呼び名。Ｄ（描写する）では、自分が対応しようとする状況や相手の言動を客観的、具体的に描写する。Ｅ（表現する・共感する）では、状況・相手の言動に対する自分の主観的な気持ちの表現、相手の気持ちに共感する。Ｓ（特定の提案をする）では、相手の望む行動、妥協案、解決策などを提案する。そして、Ｃ（選択する）では、提案による肯定的、否定的結果を考え、それぞれに対してどうするかの選択肢を考え、示す。このステップを踏むと、状況を客観視して、自分と相手の気持ちを整理しながら、提案を明確化し、提案に対する相手からの「イエス」と「ノー」の返事への対応がセリフとして準備できる（詳しくは、平木、二〇〇九を参照のこと）。

ブであれば、五〇％の確率で相手から『ノー』が返ってくるかもしれません」と説明すると、「はっ」とされます。。

それと、ＤＥＳＣ法で会話の要素を伝えて、実はそこからアサーティブなやり取りが始まるのであって、実はそこがアサーションの要なのですが。課題を出して受講者に会話のロールプレイをしてもらうことがあるのですが、そこでは、事実関係の報告しかできない人がいます。

金井　感情の表出に自己規制をかけているのですか。

平木　日本人のビジネスパーソンは情緒を働かせる会話をしてはいけないと思い込んでいるようです。このことはタスク一辺倒の働き方と大いに関係があります。私からは、「感情的になることと、感情が豊かなことは違うんです」と説明するようにしていますが。

金井　これも以前、平木さんから聞いてびっくりした話ですが、奥さんに感謝の気持ちを伝えるというロールプレイで、奥さんに見立てた相手に「ありがとう」が言えない男性受講者についてお話しされていました。その方は、学生さんが奥さんだと思って「ありがとう」と言ってみましょうというロールプレイの場、つまりよく保護された場でも、しばらく黙ってしまい、「……言えません」と絶句してしまうという話。初めてお聞かせいただいたときにはびっくりしました。やはり男性のビジネスパーソンは、職場だけでなく家庭内でも関係性のメンテナンスができていない可能性がふつうに想像する以上に高いこともあるのでしょうね。他にも気づかれた点がありますか？

平木　日本人は正解を探したがる傾向があります。私のトレーニングでは、最初にアサーションとはどんなやりとりかを説明した後に、具体的な場面を設定した例題を出します。服

たとえば、洋服を買った人がいて、誰かから「すてきね」と言われたとしましょう。服を買った人の返事としては、「ありがとう」「セールで買ったんですよ」「たいしたものではありません」の三つを挙げておきます。この三つの言い方について、それぞれ、アサーティブ、非主張的、攻撃的のどれに当たるのかを受講者に考えてもらうんです。

そうすると、「ありがとう」は、だいたいの人がアサーティブだと言います。「セールで買ったんですよ」と「たいしたものではありません」は、非主張的だと感じる人もいるし、攻撃的だと感じる人もいます。

しかし、実はこの例題に正解はありません。受講者同士で、自分はどう感じるのかを自由に話し合ってもらうための演習なのです。ところが、受講者の中に「セールで買ったんですよ」はアサーティブな返事だと言う人が一人現れたりすると、メンバーの中にはあまりい

い反応をしない人がいますね。「すてきな服がセールで安く買えたという情報まで提供しているのだから、アサーティブだと思う」と説明しても、「なるほど」と言えない人がいる。

金井　その情報をきっかけに気がついたりしないいんですね。ここでのやりとりの目的はどこにあるのでしょうか。

平木　私がこのエクササイズでやりたいのは、「概念崩し」です。アサーションに正解はなく、人それぞれにその人にとってのアサーションがあります。また、非言語的な要素をどう想像するかで三つの表現の分かれ方がちがいます。また、やりとりをしている二人の関係性が大きく関わってきます。そのような文脈的要素を想像するために、受講者にはなるべく自由な話し合いをしてほしいのですが、ビジネスパーソンは、どれがアサーティブで、どれが非主張的で、どれが攻撃的かといった正解探しに走りがちです。みんなと違う考えの人は発言しにくくならないように、「正解はない」と何度も伝えることにしています。

アサーションのよい点は、完璧にアサーションができる人はほとんどいないということです。トレーニングをグループでやっていると、参加者はそのことに気づきますし、できないところをどうしようという話をみんなですることができます。逆に最初から「自分はできている」と自信たっぷりの人ほど、どちらかというと攻撃的です。グループでやっていると、そのこともやがて仲間に気づかれます。

金井　「できている」と豪語する人ほど、関西弁で言う「どこがやねん」という状態なんですね。それにしても、正解のない問題については、自分で考えて納得のいく考えを、自分の言葉で説明することが大切で、だから、議論につながり、議論の結果、一人で考えるより、よりよい考えに辿り着く、というのが理想なのに、なかなかそうならないのは残念ですね。相手の言うことをしっかり聞きつつ、自分も言いたいこと、言うべきと感じたことがきちんと言えるというのは、実は、関係性、つながり、もっと言えば、社会などが成り立つ根本ですね。

人権とのセットを避けたがる企業

金井　先ほど、平木さんは、アサーションで集団を変えたいとおっしゃいましたが、その際に「人権」を強調されてはいかがでしょうか。私は先生がいろいろな著書で「アサーションは人権である」と書かれていることに非常に感銘を受けたのですが。

平木　そうおっしゃっていただくのはとてもうれしいです。企業の人たちからはよく「人権を強調しないでください」と言われます。「しっくりこない」と言われたり、それでも私が「人権とアサーションをセットでお伝えしたい」と言うと、「勉強しておきます」とかわされたりします。

金井　企業の人事部の人たちは、人権という言葉から、組合運動とか、会社と社員の対立といったことを連想し、「ややこしいことを言いださないでほしい」と過剰反応してしまうんでしょうか。

平木　社員から「アサーションは私たちの権利です」と迫られてしまうのではないかと恐れているみたいです。私は人権を「誰もがやっていいこと」と言い換えて話をしてみたりもするのですが。

金井　米国では、ロバート・E・アルベルティとマイケル・L・エモンズがアサーションについて書いた『Your Perfect Right』（菅沼憲治・ジャレット純子訳『自己主張トレーニング』改訂新版、二〇〇九、東京図書）が、何度もの改訂をへて長く読まれていますよね。あの本は「法律上の権利」について書かれているわけではないし、アサーションで言う人権には、「より充実した生き方をするための基本」というニュアンスが込められているのではないかとも思われますが、いかがでしょうか。

平木　人権を尊重するとは、一人ひとりを大切にすることですから、日本人の「おもてなし」にも通じる心なのですが、「人権」という言葉には抵抗があり、そのためか日本人は人権について無神経で、理解が狭いと思います。フランス人なら「人間は放っておくと、ときどき人権を侵すからね」という感じでこの言葉を使うのでしょうが、日本人は「人権だなんて、どうしてそんな堅苦しいことを言いだすのか」といった反応になりやすい。元々自己主張はあまりよくないこととされてきた日本の文化に、人権という言葉はなじみにくいのかもしれません。

いずれにせよ、日本の企業は、アサーションをあくまでもスキルとして導入したいらしく、アサーションのベースである人権は、最近問題になっているパワハラやセクハラとも密接な関係があることを認識してほしいと思っています。

金井　アサーションの根本は、スキルであることを超えて、生き方、働き方、人のありよう、そして人権にもかかわることを、先生との対談から私も心に刻むべきですね。

言いたいことが、言いたい人に言える会社に

金井　企業のアサーションについて考えるとき、私が思い出すのは、星野リゾートの星野佳路社長です。ＮＨＫの番組『プロフェッショナル―仕事の流儀』にも取り上げられた経営者で、リゾート再生請負人として知られ、私もお会いして対談させたいただいたことがありますが、番組の映像の中に何カ所かアサーションの点から興味深い発言があります。

星野さんは、破綻しかけたリゾート施設の経営再建を手掛ける際、乗り込んでいった先のホテルや旅館で元から働いていた従業員たちに対して、「言いたいことは、言いたい人に直接言ってください」と語りかけます。トップである自分を含めて誰に対しても、これからは気づいたことは直接に言ってもらってかまわない、ぜひそうしてほしいというメッセージを発信することで、従業員たちが抱える不安や不満を取り除こうとするんです。

その考え方の根っこには、「残った社員が財産」という考え方がありました。星野さんは軽井沢で旅館を経営する家に生まれ、米国コーネル大学ホテル経営大学院で修士号を取って実家を継いだ人なのですが、米国仕込みのマネジメント手法や接客マニュアルなどをもち込んだ結果、ベテランの従業員が次々にやめていったという挫折を経験されています。そういうどん底を味わっているからこそ、「職場の主役は従業員」と考えるに至ったそうです。

星野リゾートでは、一般の社員も思っていることを発言することが奨励されていますし、大事なことは社員が自分たちで判断して決めます。再建中のリゾート施設でも、従業員が自ら経営に参画できるような場がつくられていきます。そうやって星野さんは、現場から情報やアイデアがどんどん出てくるような組織をつくっています。要するに、組織レベルでアサーションが実践できているのではないかと思うんです。

平木　その通りだと思います。あの番組のビデオを見て、まさに異なった立場、役割の人の人権を大切にしたアサーションがあると思いました。私は、アサーションが実践されている組織では、クリエイティビティが高まっていくのではないか、みんなが自由に発想し、自由にものを言えるようになれば、相互の刺激により、新しいものに実っていくのではないかと思っています。

金井　それまでつながらなかった異なるアイデアが新たに結合されることがイノベーションや創造ですので、そこに至るまでアイデアの融合が必要です。そのためには、まず、「言いたいことは、言いたい人に直接言ってください」という姿勢について、経営者が本気でないといけませんね。星野さんは確固たるビジョンは持ちながら、現場の人がよりよく知っているはずの問題では、自説で部下を引っ張るというより、社員に対して「どうしますか」と自らが聞いて回り、意見を引き出すタイプのように見受けられます。そうやって業務のプロセスを促進させているんですね。アサーションとアクティブ・リスニング（傾聴、聞き上手）が両立できたら、よいリーダーですね。

集団のアサーションを成り立たせるリーダーシップ

平木　リーダーシップとアサーションについて、お話をもう少しお聞きしたいのですが。

金井　先ほど、リーダーシップ研究では、リーダーの行動を測定する尺度として、「パフォーマンス（P行動）」と「メンテナンス（M行動）」とか、「構造づくり」と「配慮」といった二次元が使われると言いました。

また、心理学者のデイビッド・ベイカンは、人間には「エージェンティック（agentic）」な側面と「コミューナル（communal）」な側面があると説いています。エージェンティックとは、大きな力を背に受けて世界に働きかけ、何かを生み出そうと活動すること。コミューナルの名詞形、コミュニオンは、共有・親交・交わりといった意味の言葉です。キリスト教圏では、エージェンティックの名詞形であるエージェンシーは神の代理人として何かを成し遂げること、コミュニオンは教会での集まりというふうに理解されます。日本語ではやや無味乾燥に、エージェンティックを主体的、コミューナルを共同的と訳すことが多いようです。

リーダーシップは、パフォーマンスとメンテナンス、構造づくりと配慮、あるいはエージェンシーとコミュニオンでもいいのですが、そういった二つの側面の相互作用によって発揮されます。したがって、リーダーの行動においてアサーションが重要な意味をもつとしたら、その相互作用の部分に絡んでくるのではないかと思うんです。つまりパフォーマンスとメンテナンスで言うと、リーダーにとってのアサーションをメンテナンスの方だけに含めてしまうのは間違いで、パフォーマンスとメンテナンスの交錯する所、そのベースにアサーションがあるような気がします。

誰かとともに何かを成し遂げるためには、リーダーが言うべきことを言うことも大事ですが、部下もリーダーに対して言いたいことを言えるよう配慮して、部下同士もお互いに言いたいことを言える、そういう集団レベルのアサーションを成り立たせることが大事なのだと思います。

ただ、リーダーシップとアサーションを結びつけようと考えたとき、リーダーたる者、もっと言いたいことをしっかり言うべきだという誤解が生じる理由もわからないでもないんです。残念ながら日本の管理職の中には、フォロワーからは何を言いたいのかそもそもよくわからないと思われてしまうような人がいて、私自身にもそういう弱点があります。ですから、自戒的にも、アサーティブかどうかという以前に対人場面での言語能力をもっと磨いていきたいと感じることもあります。

アサーションは、リーダーシップを考える上での興味深い風穴でしょうね。元々リーダーシップという領域は、最も多く研究されているのに最もわかっていないことの多い分野だと言われますが、アサーションをキーワードにリーダーシップを研究した例を私は見たことがありません。先生からこの機会に、直接アサーションについて対話しつつ学ばせていただき、ここに一つの突破口になりそうな期待があります。

平木　最近、働く人々に対するアサーション・トレーニングの効果研究は出てきましたが、リーダーシップとアサーションについては知りません。今後の課題ですね。

組織開発にアサーションを生かせるか

平木　私は、企業で働く人たちは、組織の目標と個人の目標は重ならないものだと思っているのではないか、と感じることもあるのですが、その点についてはいかがですか。

金井　その議論は経営学の組織論の文献の中にたえず出てきますね。

平木　人が社会になじんでいく社会化のプロセスは、生き方のルールを学ぶ上ではとても大事だけれども、組織の中で組織になじんでいくのは一種の洗脳ですよね。それでも個人は個性をもって自分の人生を生きられるのか。日本企業はそういう組織になっているのか。そのあたりが気になります。

金井　私の恩師のエドガー・H・シャイン先生（マサチューセッツ工科大学名誉教授）が昔実施した研究では、人は組織になじんでいく一方で、自分の個性も伸ばしていくことがわかっています。つまり社会化のプロセスがあるおかげで、個人化も進んでいく。組織の文脈があるおかげで個性が発揮できるとも考えられます。

たとえば、理念がしっかりしている会社にいる方が、社員は正しい行動をとりやすいということはありますよね。経営者も理念を体現した行動を具体的にビビッドに自分の行動で見本・手本として示すだけでなく、語れないといけない。理念経営を目指す会社では、理念にふれた一人ひとりのメンバーも、自分にとって理念を体現した行動とは具体的に何なのかを考え、かつ考えたことを実行しなければなりません。さらに、言行が一致していることも大切でしょう。私が接したいくつかの理念志向の高い会社では、実現に関わる具体的なエピソードを集めて社員と共有することで、理念の浸透を図っています。

平木　それはナラティブセラピーに通じる話ですね。組織開発とアサーションの関係についても、私はとても興味を引かれているのですが、どうお考えですか。

金井　組織開発にかかわっている人たちの中には、基礎となる理論をどこに求めていいかわからなくて困っている人たちがいると思います。臨床心理学で名を成している人は、技法とそれを支える理論をもっていますよね。だけど、組織開発の場合は、技法だけでも流派に名前がついてしまうから、理論的な基盤の整備もいると思います。それがないままにやっている人は〝無免許運転〟っぽく見えてしまう。

これはとても勿体ないことだと私は思っています。とりわけアサーションは組織開発のアプローチに近いところも含んでいるのに、組織開発の中にうまく取り入れられていません。組織開発の達人自身がアサーティブになるというより、その達人がいるおかげで集まった人々が、お互いに相手のことも尊重しながらアサーティブになれたらいいと思うのですが、組織開発の分厚いハンドブックを見ても、アサーションに関する記述は出てきません。とても不思議で残念なことです。

平木　ホールシステム・アプローチはいかがですか。

金井　たとえば、会社の将来を構想する際に、会社全体を代表するような人たちを集めて話し合う、というのがホールシステム・アプローチです。その一つに、フューチャーサーチという手法がありますが、その実践者・普及者の一人、マーヴィン・ワイスボードは学者レベルの知識をもっていますし、もう一人のサンドラ・ジャノフは、ワイスボードの共著者であるだけでなく、集団療法で名高いイヴォンヌ・M・アガザリアンと共著論文も書いている心理学の専門家です。その意味では、フューチャーサーチは、例外的に理論的基礎が豊富な組織開発手法だと言えます。実践的にも、例えば会社のビジョンをホールシステム・アプローチで描くなら、参加者をアサーティブにする必要がありますが、博学のワイスボードにしてもアサーションの文献への言及は見当たりません。

フューチャーサーチの理論的基礎の一つは、一九五〇年代にソロモン・E・アッシュが実施した集団圧力についての有名な実験です。この実験では、まず異なる長さの三本の線分を八人の被験者に見せ、その後で一本の線分を見せて、先に見せた三本のうちのどれと同じ長さかを尋ねます。八人のうち七人はサクラで、本当の被験者は一人です。そうすると、たとえば、三本のうちの右端の線分が先に見た線分と同じ長さで、被験者自身もそう思っていても、先に回答するサクラが次々に「左、左、左……」と言うと、被験者も「左」と答えてしまう。人はかくも同調への圧力に弱いわけです。

しかし、この実験でより大きな発見事実は、正しい回答をするサクラが一人でもいると、被験者の誤答率が大幅に下がったことです。つまり、人は、集団の圧力の中でも、自分と同じ判断をする支持者が一人でもいれば、大勢に同調せず自分の考えを貫ける可能性が高くなります。なぜなら、この二人が集団の他のメンバーに対して対立意見を言えるようになるからです。これは、集団の状況下で、こんなことを考えているのは自分だけではなくて、一人でもいいから自分と同じ意見をもっている人がいれば、そうはっきりと言いやすくなるということです。同じ意見だという発言を最初にしてくれる人の出現がカギとなります。この点について次に述べるようなささやかな手法というか、投げかけの言葉があります。

ワイスボードとジャノフは、会議の仕方についての著書を出していますが、その中で、会議中に少数意見を口にする人がいた場合、リーダーは即座に「ほかに誰かいませんか(anyone else)」と声をかけるというテクニックを紹介しています。そのとき、誰か一人でも手を挙げれば、そこから議論が深まっていくと考えているからです。これが、先に提起した、投げかけの言葉にあたるものです。

こうしたやり方は「会議のリーダーシップ論」とも言えるものですが、集団レベルでのアサーションとも重なり合うところがあるように思います。

平木　そうですね。私が実施している部長のためのアサーション・トレーニングでは、リーダーをあえて決めずにあるテーマについて正解を出す集団討議をしてもらいます。部長さんたちは、結論を出す課題解決には慣れていて、時間内に、ある意味で予定調和的に結論を出すのはうまいです。ところが、討議のプロセスをふり返ると、先生が言われた「ほかに誰かいませんか？」といったグループに必要なメンテナンスの発言がなかったことがわかります。課題の失敗に対して、「みんなが思い込みで走っているのではないかと気になっていたが、みんなが乗っているのに、違った意見は言えなかった」と反省を述べる人がいたりします。発言が少なかったり、途中で黙り込んだりしたメンバーに「○○さんの意見をもう一度聞きましょう」といった声かけはないわけです。グループのメンテナンス機能を果たすリーダーシップの欠如による、課題解決の失敗と言えるでしょうか。

金井　このようによく仕事ができる人ほどプロセスよりコンテンツに目がいきますので、プロセスの側にも目を向けてもらうことが大切ですね。もちろんコンテンツあってこそのプロセスですが。その点について振り返りますと、私は、集団の意思決定についての実験室実験に興味を持っていた時期があるのですが、それをグループ・レベルでのエクササイズにも生かすことができるのではないか、と思っています。先行研究では、ある集団が意思決定をする場合は、そのプロセスにその集団メンバーにも参加してもらう方が、メンバーが成熟していれば決定の質もよくなるし、さらに、その決定の場に参加させてもらっていることでメンバーが決定された内容を受け入れる度合いも大きくなるという結果が出ています。

意思決定の場へのメンバーの参加は、通常は反対者を減らすためのガス抜き効果を狙っている場合が多いのですが、グループで決定のプロセスを共有すれば、一人ではたどり着けないような決定のコンテンツの質の向上が得られますし、決定に対するメンバーの受容度が高ければ、その後、組織が決定の実現を目指して進んでいくプロセスもよくなります。このことも、集団のアサーションの可能性を示しているのではないかと思います。

ものが言えないのはなぜなのか

平木　先ほどお話に出た「何が言いたいのかわからない管理職」の存在について、私はスピリチュアリティと絡めて考えてみたいんです。最近の心理学では、スピリチュアリティに言及することが増えました。私は「精神性」あるいは「霊性」「魂」などと訳し、宗教とは結びつけないで考えるようにしていますが、宗教もスピリチュアリティに含まれると主張する人もいます。

スピリチュアリティは、自分の「立ち位置」をきめる芯とも言えるものですから、キャリア（生涯の生き方）の決定的な要因になると言われます。人は、日常の心理的・肉体的な働きの範囲を超える何か、「意味」とか「意義」を求めてキャリアを選択するということです。逆にそういうことがないと、自分がなぜここにいるのかも、自分が何を言いたいのかもわからなくなってしまうのではないかと思います。

金井　通常、スピリチュアリティは、芸術家や特別な技術をもっている職人のような人が感じる「崇高なもの」や「宇宙とのつながり」というふうに理解されがちですが、そこまでいかなくても、また多少俗っぽいものが混じっていてもスピリチュアルにつながるもの、言わば「準スピリチュアリティ」や「プチ・スピリチュアリティ」を感じながら働くことは、今後より大事になっていくかもしれませんね。さりげなく、サムシング・スプリーム（何か崇高なもの）を感じられる、やりとりの場に惹かれるという人もいます。

平木　ええ。そういうものに突き動かされている人は強いと思います。

近年、カウンセリングや家族療法の分野では、人生の発達課題にスピリチュアリティが取り上げられるようになりました。昨年、翻訳が出たサニー・ハンセンのキャリア・カウンセリングに関する著書（一九九七）では、「不確実な今を生きる六つの重要課題」の一つにスピリチュアリティがとりあげられています。スピリチュアリティとは「人生の目的と意味の探究」で、地球的な世界観で環境と調和して生きるという理念と使命を意味しており、ライフキャリア発達（開発）の中核だと述べています。そこには、天職の感覚を伴った個々人の物語があり、それが職業と生き方を支えると強調しています。

金井　私は一方で何か突き動かされて創造的な仕事をしている人、例えば、安藤忠雄さんには、空間をどう使うかについて何か深いレベルの魂の叫びがあるように、お話ししていて感じますが、他方で、最高のものに仕上げたいと思い、道具にもこだわる現場の職人さんを見ていてそう思うこともあります。法隆寺宮大工の西岡常一さんの映像や書籍（『木から学ぶ』）などからは、千年、二千年も残るような木造建築に使う一つ一つの木は、元々地面から生えていた時の方位のまま使うというところなど、すごい知恵だと思うだけでなく、スピリチュアルなものをこの宮大工さんとしてのキャリアの中に感じます。

第三章　アサーションの理解を深める（金井ゼミより）

神戸大学の学部金井ゼミには、しばしばゲストをお招きすることがある。今回は、平木先生をお招きして、学生たちとのやり取りを通してアサーションを学んだ。

一人ひとりを大切にする

金井　今日、平木先生を金井ゼミにお迎えすることができたのは、私にとって大きな喜びです。

私が初めて平木典子先生にお会いしたのは、ある企業の研修に講師として赴いたときでした。平木先生も部長クラス向けのストレスマネジメントの研修を担当されており、私は受講者の方々と一緒にお話を聞かせてもらい、とても啓発されました。

ゼミ生のみなさんは、何かを学ぶにあたっては、最高の人から学びたいと思いませんか。平木先生はアサーションの分野では日本の第一人者です。みなさんには、先生の著書『アサーション入門——自分も相手も大切にする自己表現法』（講談社現代新書、二〇一二）を事前に読んできてもらっていますが、今日はアサーションについて第一人者で著者の御本人から直接学ぶいい機会になると思います。

アサーションと言うと、ふつうは一対一の関係を思い浮かべます。子どもがお父さんやお母さんに対して言いたいことをちゃんと話す。そういった場面を想像する人が多いかもしれません。

家族という集団の中で、みんながお互いを大切にしながら、自分のことをきちんと言い合える、というふうにアサーションを広くとらえることもできます。大学のゼミでも、教員がハブになってゼミ生との間に線をつなぐだけではなく、ゼミ生同士もつながり合って、お互いがお互いを気にかけながら、言いたいことをきちんと言える、そしてきちんと聞いてもらえるようになれば、アサーションがグループに広がっていきます。同じことは職場や会社についても言えます。

今日は、二〇代になって間もない前途洋々たる学生のみなさんがアサーションについてどのように考えているのかを平木先生に知っていただくために、できるだけみなさんと平木先生との間でやりとりができるような形でゼミを進めたいと思います。あとの時間は先生にお任せしますので、どうかよろしくお願いします。

まずは質問紙「アサーションとは」に答える

平木　よろしくお願いします。この度は、私と金井先生の共著の出版にみなさんが御協力してくださることになり、感謝しています。

最初に、お配りした質問紙「アサーションとは」（九二ページ資料1参照）の、問いの文を読んで、「はい」か「いいえ」のどちらかにマルをつけてください。「はい」「いいえ」で答えるのが難しい質問もあるかもしれませんが、「どちらかというと、『はい』かな」くらいの大まかな感じで答えてくだされば結構です。

みなさんも先に本を読まれてもう御存じのように、アサーションでは自己表現のタイプをアサーティブ、非主張的（あるいは受身的）、攻撃的の三つに分けます。この質問リストは、みなさんにふだんどのような自己表現をしているのかを思い出してもらうためのものですから、採点したりはしません。安心して答えていってください。

それから、「はい」にマルをつけた項目は、もう一度読み直してください。そのような場面では、みなさんは攻撃的になっている可能性もあります。そう思ったら、マルの横に「a」でも何でもいいので、自分にわかるような印をつけてください。

資料1　アサーションとは

1．あなたは家族や友人など、目前の相手をほめることができますか。	（はい　いいえ）
2．あなたは､ほめられた時､きちんと受け応えができますか。	（はい　いいえ）
3．自分の長所やなし遂げたことを人に伝えることができますか。	（はい　いいえ）
4．相手の努力や労苦に慰労のことばをかけることができますか。	（はい　いいえ）
5．あなたは、人と異なった感じや意見を持っている時、それを表現できますか。	（はい　いいえ）
6．あなたの言動を批判された時、受け応えができますか。	（はい　いいえ）
7．あなたは自分の怒りを表現することができますか。	（はい　いいえ）
8．相手の怒りを受け止め、話し合うことができますか。	（はい　いいえ）
9．あなたは、自分が困っていたり、緊張している時、それを率直に認め、表現できますか。	（はい　いいえ）
10．あなたは、相手の緊張、困惑に適切な対応ができますか。	（はい　いいえ）
11．あなたは気軽に同僚や友人を誘うことができますか。	（はい　いいえ）
12．先輩や同僚・友人に誘いを受け、行きたくない時、断ることができますか。	（はい　いいえ）
13．あなたは、知らないことや分からないことがあった時、そのことについて説明を求めることができますか。	（はい　いいえ）
14．援助や助言を求められ、断りたい時、断ることができますか。	（はい　いいえ）
15．あなたは、同僚や後輩に対して適切な批判を述べることができますか。	（はい　いいえ）
16．失敗や間違いを指摘されたとき、率直に認め、対応することができますか。	（はい　いいえ）
17．あなたは他者の失敗や間違いに対して、必要な時は寛容になることができますか。	（はい　いいえ）
18．失敗やミスを犯して相手が赦してくれたとき、きちんと謝罪できますか。	（はい　いいえ）
19．後輩のミスに対して､必要な時は叱ることができますか。	（はい　いいえ）
20．上司や先輩から正当な叱責を受けたとき、きちんと対応できますか。	（はい　いいえ）
21．必要なとき、相手に依頼したり交渉したりできますか。	（はい　いいえ）
22．あなたの状況に無頓着な仕事の押し付けがあった時､断ったり交渉したりできますか。	（はい　いいえ）

　平木典子

アサーション実習との出会い

　さて、それではまず、私とアサーションの出会いからお話しします。私がアサーションに関心をもったのは、一九七五年夏、米国でのことでした。世界的な心理療法家で「カウンセリングの父」と呼ばれたカール・ロジャーズが主催する「ＰＣＡ（Person-Centered Approach）」のワークショップに参加しました。ワークショップには一〇〇人を超える参加者がいて、それぞれ関心のあるテーマのグループに分かれて研修を受けました。その中にアサーションをテーマにしたグループもありましたが、私はそこには入っていませんでした。

　ちなみに「Person-Centered Approach」とは、「一人ひとりを大切にするアプローチ」という意味です。ロジャーズは、心理療法はカウンセラー中心ではなく、クライエント（来談者）中心に行うと主張していましたが、その頃はその言い方を変え「人を中心に」ということを強調していました。

　そのワークショップの期間中のある日、私は、アサーションのグループに参加している二人と一緒に昼食を食べました。そして食事を終えて席を立つとき、「実習に協力してくれて、どうもありがとう」と言われました。何のことか思い当るところがなかったので、私は「どんな実習ですか」と尋ねました。すると「日常的な会話の場に加わり、社交的なやりとりをするという課題があり、あなたたちのおかげでその実習をさせてもらった」と言うのです。

私は、アサーションというカウンセリングの技法があることは知っていましたが、その中身までは理解していませんでしたので、社交の場面でもアサーションのトレーニングがあることを知って、とても興味をひかれました。ごくごく日常的な会話の中でのアサーションとはどんなことなのか、一人ひとりを大切にするコミュニケーションが日常的な会話の中でできれば、みんなもっと楽に生きられるのではないかと思いました。そして滞在中にアサーションに関する本を買い込み、帰国して読み始めました。

表現する権利

元々アサーションは、対人関係がうまくいかない人やコミュニケーションをうまくとれない人のための行動療法、訓練プログラムとして開発されました。

しかし、その後、人と人とのコミュニケーションのカギとなる、普遍的な考え方であり方法であるというふうに位置づけられていきました。私がアサーションに強い関心をもつようになったのも、アサーションには「人権」や「認知（ものの見方）」の問題がかかわっていることを知ったからです。

この場合の人権とは、「表現する権利」のことです。アサーションは、人は思っていることは何でも言っていい、それがなければ、互いに交流して生きていくことはできない、という考え方に立っています。

赤ん坊が生まれてすぐに泣くのは、人間としてのコミュニケーションの始まりです。言葉を使えない赤ん坊は、泣くことでしかコミュニケーションができず、それに反応する大人がいなければ、死んでしまいます。

ですから大人、たいていは親が、この子はお腹がすいているのだろうかとか、抱っこをしてほしいのだろうかとか、気分が悪いのだろうか、赤ん坊が泣いている理由を探ろうと、あれこれ反応します。それでも赤ん坊が泣きやまない場合は、その要求が親に伝わっていないということであり、親は引き続き、赤ん坊が泣いている理由を探ろうとします。実はこうしたやりとりがアサーションなのです。

また、人は思ったことを何でも言っていいということは、極端な話、「殺したい」と言ってもいいということです。もちろん本当に殺してはいけませんが、口に出して言うのはかまわないと私は思っています。なぜなら、その人は、そう言わない限り、その思いをわかってもらえず、また表現し、わかってもらったことで気持ちが変わるかもしれないからです。

万人に通用する真実はない

それから、認知（ものの見方）の問題とは、「ものの見方が違っていることは間違っていることではない」ということです。人間誰しも同じものの見方や考え方をしているとは限りません。似たようなものの見方や考え方をしていることはあっても、厳密に話し合ってみると違っていた、といったことはよくあります。

私たちはそれぞれ顔が違っているように、価値観も違っていて、一人ひとりが独自のものの見方や考え方をしています。どのような文化や社会で育ったか、また個人の性質や気質の違いによって、その人のものの見方や考え方がつくられています。

にもかかわらず、相手も自分と同じ考え方をしているだろうと思い込んだり、相手の考え方を自分と同じにしようとしたりして、もめごとが起きます。世の中には、人と同じでなくてはいけないのではないかとか、みんなと同じでないとのけ者にされるのではないかと思ってしまいがちな人もいますが、アサーションでは、自分は違うということがお互いにはっきり言い合える関係、お互いの違いを理解し合える関係を重視しています。

みなさんもすでに学んだかもしれませんが、社会構成主義[注2]では、人間のものの見方や考え方、物事の把握の仕方は、その人が生きてきたプロセスの中でつくられると言います。ですから、たとえばイラクの人たちと米国の人たちのものの見方が違っていたとしても、どちらかが間違っているわけではありません。それなのに、お互いに相手が間違っていると思い込み、相手を無理に正そうとすると、行き着く先は戦争です。ものの見方とは、それほどまでに大きな問題です。

そのことに絡めて、ある哲学者は「万人に通用する真実はない」と言いました。あなたの五感を通して入ってきた情報は、あなたの中ですでに変わっており、その情報をあなたが外に表出したら、その時点でまた変わっています。だから、世の中に真実はあるとしても、人のスクリーンを通すと何が真実なのかわからなくなるのです。

しかし、それでも私たちは真実を探し、何がよりよいことなのかを考えたり話し合った

注2　現実（現実の社会現象、事実や実態とされていること、意味など）は、すべて人々の中で、あるいは一人ひとりの感情や意識により受けとめられ、つくられたものであるという説。

りしながら生きていくしかありません。人間のものの見方や考え方は、一人ひとり違っている可能性があるわけですから、自分の思っていることをきちんと話し、理解し合う必要があります。つまり、アサーションは、私たちが言いたいことをうまく伝えるための手法や訓練であるだけでなく、私たちがよりよい関係や理解をすすめるための自己表現方法だと思うのです。

「話す」と「聴く」の相互作用

英和辞典で「アサーション（assertion）」を引くと、「主張」「断言」「言い張ること」といった訳語が出てきます。日本語の直訳ではアサーションの本来の意味が通じないので、八〇年代に私はカタカナのまま日本に紹介し、以後、今日に至っているのですが、アサーションという言葉がそのように和訳されたのには理由があると思っています。私なりの解釈ですが、たぶんそれには日本文化が影響しており、日本人はアサーションという言葉を、「主張し、断言し、言い張ること」だと受け取りたかったのでしょう。

日本人の対人関係の基本は、「相手を大切にすること」です。私も、明治生まれの親から「相手を大切にしなさい」と言われて育ちました。その頃の日本には「自分を大切にする」という考え方はあまりなく、そのようなことを言うと、「わがまま」「自分勝手」と見られました。だから、アサーションという英語は、日本人にとっては「主張し、断言し、言い張ること」というほどの強い響きをもっていたのだと思います。

他方、米国人の中には、自分の言いたいことをきちんと言える人が多くいます。そのため、米国のアサーション・トレーニングでは、「目の前の相手を大切にすること」を重視します。つまり、文化が違うと、アサーションという一つの単語でも違うニュアンスをもつのです。私はアサーションを日本に紹介したとき、日本的に訳しても米国的に訳してもまずいと思って、「自分も相手も大切にする自己表現」という説明をつけました。このような説明の仕方こそ、今後のアサーションを展望するうえで一番ふさわしいのではないかと思ったからです。

自分も相手も大切にするための具体的な行動は、自分が言いたいことを表現することと、相手の話を聴くことです。

相手の話を聴くというのは、相手を「acknowledge」することです。この「acknowledge」も日本語には訳しにくい言葉です。辞書では「認める」と訳されていますが、それはやや上から目線のニュアンスになります。私は「相手の存在や言動を受け止めること」という意味だと思っています。先ほど、赤ん坊の話をしましたが、赤ん坊が泣いていたら、そのことに心を動かし、泣いている理由をわかろうとすること、それが「acknowledge」です。コミュニケーションは、話すことと聴くことの両方をすることであり、それをしないと相互作用につながっていきません。

自分を引っ込めて言いたいことを伝えないと、だんだん言いたいことがわからなくなります。そのときどきの自分を確認しておかないと、そのうち自分のことがわからなくなります。また、相手の話を聴いて、「わかった、わかった」と応じるだけでもダメで、「私はこんなふうにわかった」と伝えることが大事です。だからといって、人と人とがすぐにわかり合えることはありませんが、それでもわかり合おうとするやりとりがアサーションなのです。

では、このあたりで一度、ゼミ生のみなさんの反応をうかがいましょうか。

金井 それでは誰か口火を切ってください。アサーションについて考えるきっかけの議論ですが、この場でみなさんがアサーションをうまくやれなければと力み過ぎて黙り込んでしまったら、本当の意味でアサーティブな場ではなくなりますから。

和泉大輝 僕の父との話なのですが、大学受験を控えていた頃、「神戸大に行きたい」と言うと、父に「絶対、お前には無理だ」と言われました。親として子どものやる気を引き出すためには、もっと別の言い方があったんではないかと思っているのですが。

平木　みなさんはどう思いますか。

田中優祐　お父さんは頑張らせようと思って言ったのかな。それとも自分の思ったことをそのまま言ったの？

和泉　反射的に感情をそのまま言ったように感じた。

金井　和泉さんの返事は？

和泉　「いや、絶対に行く」と。

金井　それに対してお父さんは？

和泉　「そうか、勝手にしろ」みたいな感じでした。

――一同（笑）

金井　それは見方によっては、とてもいいやりとりじゃないですか（笑）。お父さんは怒っているようで、和泉さんを励ましたのかもしれない。

和泉　そうですね。

奥村伸也　みんなの事前レポートを見て、非主張的になってしまいがちな人が多いと感じました。自分の悩みを打ち明けづらいとか、他人に相談しづらくて考え込んでしまうことが多いとか。僕自身、自分で物事を抱え込んでしまった経験があります。そういうふうに、場面によって非主張的になってしまう人に対して何かアドバイスがほしいし、みんなにも意見を聞いてみたいと思います。

尾崎有香　悩みを打ち明けづらいのは、相手にどう思われるかを先読みして行動しているからかなと思います。自分のことを明るいポジティブな人だと思ってほしいから、なかなか本音を言えなかったりするんじゃないかな。

角野亜佐美　私の場合、本当にその通りで、いろいろ考えてしまうんですね。悩みの中身についても、ちょっと考えすぎかなと自分で思うところがあったりして、相手に言ったら、「神経質な子」と思われるんじゃないかとか。私自身、一緒にいる人にホッとしてもらえるような人になりたいと思っているので、自分が悩みを打ち明けたりすると、矛盾が生じてしまう。だから、悩みがないかのように振る舞ってきました。

尾崎　たぶんそれが癖になっていて、無意識のうちにそうやってしまう。何かをするとき、自分をどう理解してもらうかということを、頭の中で高速回転で考えているような気がします。だから平木先生の本の中に、自分の思いを確かめるプロセスについて書かれていたことがとてもしっくりきました。

金井　普段のゼミでも、言いたいことを聞き手のゼミ生を大切にしながら伝えることができる、アサーティブな人が多いと思うのですが、今のやり取りから、尾崎さんの言われる「癖になっている」というのはどのように思われますか。

怒りと弱さ

平木　確かにそういうことが癖のように身についている人はいますね。

先ほどの質問リスト（九二ページ参照）を見てください。今、みなさんから出てきた話は、7〜10番あたりの項目と関連しています。7番は「あなたは自分の怒りを表現することができますか」、8番は「相手の怒りを受け止め、話し合うことができますか」となっていますが、これらは和泉さんとお父さんの話と関係がありそうです。

それから9番は「あなたは、自分が困っていたり、緊張しているとき、それを率直に認め、表現できますか」で、10番は「あなたは、相手の緊張・困惑に適切な対応ができますか」となっていますが、これらは人の弱さについての質問です。悩みをなかなか打ち明けられないという話と関係してきます。

まず怒りについてお話しします。和泉さんのお父さんがなぜ怒ったのかはよくわかりません。息子が大学に進めなかったらどうしようと思い、進路を変更させようとしたのかもしれませんし、金井先生がおっしゃったように、パラドキシカルな言い方で息子を励まそうとしたのかもしれません。

しかし、いずれにせよ、怒りというのは、人間が生きるうえで一番大切な感情です。だから、怒りは怒りとして表現する必要があります。

怒りの感情は、自分に何かの脅威が降りかかり、これ以上それが続くと耐えられないと感じたり、もう逃げ出したいと感じたりしたときにわいてきます。みなさんにもわかりやすい言い方では、「ヤバいときに出てくる感情」が怒りです。それが攻撃的に出た場合、人は怒鳴ります。ヤバくなった自分を守るために相手をやっつけようとするのが攻撃ですから、怒りが最も強く出た場合は、相手を殺すこともあります。

つまり怒りの感情には強弱があるため、ギリギリの状態になる前に小出しにして、相手にわかるように伝えた方がいいと思います。「私は怒っています」くらいなら、言っても伝わるでしょう。私も以前は怒りを表現するのが下手だったのですが、米国人に「『怒ってます』と言えば通じるよ」とアドバイスされ、なるほどと思いました。

ただし、攻撃するような強い怒りの出し方をすると、相手も脅威を感じます。中にはそれが癖になっていて、自分はそれほどのピンチに立たされていないのに、相手に脅威を与えようとして、わざと怒る人もいます。怒りによって相手を自分の思い通りに動かそうとする場合です。それによって脅威を感じた相手も怒りだすと、大ゲンカになってしまいます。

金井　私も、MITに留学をしているときに、同期の仲間にも先生にも「今の、頭にきているのですが、（I am angry now.）と言っているのに、いい人だと言われることがありました。そう言葉に言えているのが「いい」というニュアンスでした。「頭にくる」とか、「怒っている」と日本語で言っても文脈によっていろいろありますよね。

平木　いろいろな怒りがあることは、みなさんもおぼえておいてください。7番の「あなたは自分の怒りを表現することができますか」という問いで、「はい」にマルをつけた人で、もし相手を威嚇するために怒っていたら、それは要注意です。

それから、弱みを見せられないとか、悩みを打ち明けられないのは、そういう自分を出すと沽券にかかわると思っているからかもしれません。悩みをもつことは、弱いということという価値観に影響されている可能性もあります。

もちろん、いつも弱さを出せばいいとは限りません。ただ、自分の弱さを出さずに、ずっと人とつき合えるかというと、そんなこともありません。

本来なら、中学生ぐらいのときに、男の子は男の子同士、女の子は女の子同士、気の合う友人と、自分の弱みや悩みを分かち合える体験があるとよく、そうすると、どの程度の悩みなら話した方がいいのかということがわかります。自分の悩みを出さないままでいたり、分かち合うことができないと、その悩みが自分にとって、そして人間にとって、どんな意味があるかがわからなくなります。

金井　そういう微妙なさじ加減も成長ですね。

平木　9番目の自分が困ったり緊張しているとき、そのことを率直に認めて表現できれば、相手は助けてくれるかもしれません。実はこのことは怒りとも関係があって、人が怒っているとき、その人は本当は助けてほしいのかもしれないのです。

たとえば、お母さんと出かけようとしているとき、子どもの支度が遅れていたりすると、お母さんは「いつまでグズグズしているの！」と怒りますよね。でも本当は、子どもが早くしないから、お母さんは困っているのです。困らせられることが不愉快で、つい「何をやってるの！」と怒ってしまうのでしょうけれど、そんなふうに怒らなくても、「お母さん、困っちゃうから、早くしてくれない？」と言えば、子どもは案外言うことを聞いてくれるかもしれません。

要するにアサーションの話し方とは、素直に率直に話すことです。今、自分が本当に感じていることを探り、それを言葉にして表現できれば、相手もわかりやすいのです。

金井　同じように感じても、その感じた気持ちをどのように相手の耳に入れるか、で変わりますね。これは誰にも思い当たる話ですね。でも、なかなか実行は難しい。そこで一つの方法として、あるいはご提案として、少なくともこれからの若い世代の人たちには、中学生くらいの時からアサーションの姿勢の基礎をつくることにもなるので、自分の弱み、悩みをシェアする経験があればよい、というのは興味深いです。

どうやって叱ればいいのか

多門佑夏　私はバレーボールをやっています。あるとき、チームのメンバーを叱らなくてはいけない場面がありました。相手の子は、こちらが感情的に叱るとつぶれてしまうようなタイプの子で、私もそれがわかっていたので、叱る理由をちゃんと説明し、具体的な解決案も示して、言い方にも気をつけたのですが、それでも結果的に「怖い」と言われてしまいました。

叱るというのは相手の過ちを指摘することなので、どんな言い方をしても拒絶されてしまうことがあるのかなと思います。こっちが正しいことを言えば言うほど、相手は心を閉ざし、「はい、はい、わかりました。ごめんなさい」という感じでコミュニケーションが終わってしまう。叱る場面で、どうしたらアサーティブなコミュニケーションができるのか、みんなの意見を聞きたいです。

平木　とても大切な問題ですね。まず、このことに関わる皆さんの経験や気持ちを聞かせてくださいますか。

角野　私は音楽のバンドをやっています。そのメンバーのことなんですが、周りから見てちょっとまずいなという状況のとき、私たちからはまだ何も指摘していないのにその子が泣きだしてしまったことがあります。声をかけて前向きにしてあげようとしても、殻に閉じこもってしまって、落ち着かせるのにかなり時間がかかりました。もっといい声のかけ方ができたのかなと思っています。

佐々木崇博　アルバイト先に後輩が入ってくると、仕事のやり方を教えたり、ミスがあればそれを指摘しないといけないんですが、優しい言い方をしてもへこんでしまうタイプの子がいます。そういう場合、僕の方が冗談半分で「できれば直してほしいなあ」といった言い方をすれば、三回に一回ぐらいは直してくれます。そういう直接的でない、ちょっと屈折した指導の仕方をしていました。

田中　以前、教養課程ゼミの後輩が間違いをして、これは変えさせないといけないということになったとき、僕はあえて嫌われ役に徹しました。その後輩を呼び出して、言いたいことはすべて言って、こっちの主張を理解してもらい、その一方で別の同期に頼んで、「このゼミをよくしていきたいから、お前のことを思って言っているんだよ」と、裏で後輩に優しく接してもらいました。

金井　ゼミ生の皆さんは一人一人そのような場面でも、相手を尊重しつつ役立ちそうな発言をしているのですね。他にもあるでしょうか。

瀧川友里子　叱る場面では、第三者的な存在がすごく必要だと思います。実際、私もサークル活動で経験したんですが、叱ると人格を否定されたように受け取る人もいて、そういう子に対しては、周囲から「そうじゃなくて、行動に問題があったんだよ」というふうに働きかけてもらう必要がありました。

福山貴生　叱るというのと、もう一つ放っておくというのもあり得ます。その例として、僕は高校で野球部のキャプテンをしていたのですが、エラーした子が試合後にトイレにこもって出てこなくなったことがありました。そんなとき、いろいろな方法があると思いますが、僕の場合は放っておきました。その子も自分がやってしまったことはわかっているだろうし、自分で踏ん切りがつかなくて出てこないだけかもしれない。だったら放っておいて、彼が自分で考えて出てくるまで待った方がいい。これもアサーティブなやり方なのではないかと、みんなの話を聞いていて思いました。

田中　時間がある状況なら、放っておいて、自分で立ち直ってもらえれば一番ありがたいけど、緊急時にはどうなのかな。

金井　いい問いですね。

尾崎　そういうときは本人が失敗を自覚しているかどうかで変わるかな。私が所属している団体では、「ぶったたく」と言い方をしていて、本人が自分が悪いとは思っていない場合は、きつく言ってへこまします。ただ、これには技術が必要と言うか……。

――一同（笑）

尾崎　それこそコーチングによるフォローアップもしなくてはいけないから、本当にすごい人にしかできません。でも、たいていのケースでは、本人は自分が悪いことはわかっているんです。じゃあ、なぜ言うことを聞かないかというと、これは私の仮説ですが、怒られるのがいやなんだと思います。だから、いくらこちらが柔らかい言い方をしても通じない。

かつて私はバイト先でミスをしたことがありました。絶対に怒られると思っていたのですが、店長さんは「初めてなんだから、そういうことはあるよ。次から気をつけような」と言って許してくれました。そうやって、ミスをした人を非難するのではなく、アドバイスを与えるようなやり方はいいなあと思いました。自分が悪かったと自覚している人に対しては、「今は怒りたいわけじゃなくて、直してほしいんだ」と言えば、それだけで安心してもらえるんじゃないかなと思います。

金井　ゼミでも、そういう方法を取り入れたいですね。

角野　私も、すごくいい方法だと思います。でも、こっちは相手を叱るつもりはなくて、ただ立ち直ってほしいと思っているだけなのに、それがなかなか難しい場合があります。本人もそういう自分がいやなんでしょうけど、それさえも許してほしいという気持ちがあるみたいで、励ましてもわかってもらえないんです。

清水義貴　そういう人に対応するための解決策の一つとして、僕は逆に自分の方から悩みをぶつけてみるようにしています。会話では共感とかシンクロが大切だと思います。こちらが「実は俺はこうやねん」と悩みを相談すれば、相手は「自分と同じだ」と思ってくれて、「自分も思っていることを言ってみようかな」という気になってくれます。このやり方は結構うまくいくことが多いです。

金井　リーダーシップもアサーションと同様、なかなかマスターするのは難しいので、一つには、すごく若いときから入門するのがよいという提案をしています。もう一つは、すごいリーダーになるのが難しい場合、リーダーシップをシェアすることができます。ここでは、言うべきことを言うというタスク面のリーダー役と、きちんと受け止めてもらうための配慮面、メンテナンス面のリーダー役とを二人で分け持つというやり方を試してみるのもよいかもしれません。それでは、平木先生、アサーションという観点からはどうでしょうか。

失敗する権利

平木　話が進んできましたが、ここまでの議論は、質問リストの中の一九番の問い「後輩のミスに対して、必要なときは叱ることができますか」と、二〇番の問い「上司や先輩から正当な叱責を受けたとき、きちんと対応できますか」に関係しています。必要なときは相手を叱ることもアサーションであり、叱られたときにそれを受け止めることもアサーションです。

ただ、過ちを犯したのに、それを認めない人がいる。叱ると泣いてしまったり黙り込んでしまったりする人がいる。それでみなさんは困っているんですね。

アサーションは「人には失敗する権利がある」という考え方に立っています。もう少し月並みな言い方をすれば、完璧な人間なんていないし、人は誰でも失敗するということです。しかし、できれば失敗は繰り返さない方がいいわけですし、私たちは先人から受け継いだ知恵をたくさんもっているのだから、失敗した人にはそれを教えてあげた方がいい。問題はそのやり方です。「叱る」が感情的になると、「怒る」になってしまいます。

先ほども言いましたが、人が怒るのは脅威を感じたときです。「緊急時に放っておくだけでいいのか」という指摘がありましたが、私たちが誰かを叱るときは、このままでは大変だという状況であり、つまり半分ぐらいは脅威を感じているわけですから、ついつい怒りたくなってしまいます。

けれども、叱るからには、相手に話を聞いてもらい、行動を是正してもらわなくてはいけません。だから、「自分としてはこうした方がいいと思うし、あなたにもそうしてほしい。それが一番いいことだと思う」というようなことを怒らないで言った方がいいのです。

叱る際に感情が入って怒ってしまうと、相手は困惑します。その人にしてみれば、自分の行動を是正しなくてはならないという問題と、目の前にいる人の怒りに対応しなくてはいけないという問題、この二つがいっぺんに迫ってくるわけですから、どうしていいかわからなくなります。その意味では、感情的に叱られたとき、困惑して「怖い」と言う人は正直でもあるんです。

アサーションでは、謝ることも権利だと考えており、何か失敗した人に対しては、「人は誰でも失敗しますから、失敗したときは素直に謝りましょう」と言うとよいと思います。しかし、世の中には、神経質で叱られることに弱い人や、叱責されるとプライドを傷つけられたように感じる人がおり、そういう人は正当な理由で叱られても素直に謝ることができません。ですから、人を叱るときは、相手をよく見て、その人が話を聞いてくれるような言い方をした方がいいでしょう。

金井　今回はみなさんにアサーションについての本を事前に読んでもらい、著者の平木先生に来ていただいてお話をうかがいました。この議論を通じてアサーションの大切さに気づいたなら、このテーマについて、自分の考えつまり見識をもつだけではなく、継続して学ぶことが大切だと思います。そのためのヒントやアドバイスをここらであらためて平木先生からいただけますか。また、この22個の質問リストについても解説と、ちょっとした「種明かし」をお願いできますか。

平木　まず質問リスト（九二ページ参照）について解説を加えておきます。リストには22個の項目がありますが、１番から12番までは、人間関係にかかわる質問です。そして、13番から22番までは、人間関係の中に課題（タスク）が入っている場合の質問になっています。

それから、奇数番号の項目は、自分が働きかけをする場面、偶数番号の項目は、自分が受ける側に回った場面を想定した質問です。前者の方が後者より得意な人もいますし、逆の人もいますから、自分はどちらの場面でよりアサーティブになれそうかを考えていただくと、みなさんがアサーションを学ぶうえでのヒントが得られるかと思います。

もう一つ、アサーションの学び方についてアドバイスをしておくと、感情を言語化できるようになった方がいいと思います。私たちは、感情にまつわる言葉をたくさんもっていますが、感情を言葉で表現するのが下手です。それは、「感情的になるな」としばしば言われるからでしょう。

けれども、「感情的になること」と「感情が豊かなこと」は違います。豊かな感情を言語で表現できるのが人間なのに、感情的になってはいけないということばかり考えていると、感情が摩滅します。特に若い人、それも女性より男性が感情表現を苦手としているようです。感情を豊かにしておくことがアサーションの学習に役立つということをぜひおぼえておいてください。

相手に配慮することは自分を抑えることではない

ここからは、ゼミ生の方々からの質問に応答していただく形で、先生方に語り合っていただきます。まず、この質問からお願いします。

〈私は、初対面の人と話すときは、まず相手が心地よいように振る舞うことで相手からの信頼を得て、その後、自分が言いたいことを小出しにしていきながら、相手との擦り合わせを図るというコミュニケーションの仕方をいつもしています。これはアサーティブな態度なのでしょうか。私の場合、相手との関係が悪くなるのがいやだという気持ちが根底にあります。最初の段階では非主張的かもしれないのですが、信頼を得ていくにつれて、自分の言いたいことも言えるのです。短期的なアサーションと長期的なアサーションがあるのではないかと思いました〉

金井　アサーションに短期的なものと長期的なものがあるのかという問いかけは面白いですね。私は、トータルの接触期間の長短というふうに言い換えればよいのではないかと思いました。

つまり、生まれてこのかたずっと一緒にいる親が相手であれば、わりと言いたいことは言いやすい。だからといって、親の前で感情を爆発させてしまうのはアサーティブではないでしょうけど、わりと言いたいことが言えるのではないかと思うんです。
しかし、つき合って数カ月たったぐらいの恋人同士だとまだまだ。ときどき言いたいことが言えないでしょうし、初対面の人とのやりとりはもっと難しい。実際の場面で相手の気分を害してしまうような経験をしてしまうと、自分を抑えなくてはならないというふうに過剰学習してしまうこともあるのでしょう。

平木　相手との擦り合わせは、どんな関係においても大切です。とりわけ初対面の人や、よく知らない人と話をするときは、どんな話をしたら興味を持ってもらえるだろうかとか、こんなことを言うと気に障るだろうかとか、というふうに相手に配慮することは当たり前ですし、悪いことではありません。当たり障りのないことから話を始めて、相手の関心のあり所を知り、自分の関心と重ね合わせていく。それが相手に配慮し、お互いを擦り合わせていくことでしょう。
しかし、「配慮すること」と「自分を抑えること」は違います。配慮とは、自分は相手を不愉快にさせたり、傷つけたりするかもしれないと思いながら話すことであり、そういった危険を冒す可能性を意識しつつ、相手と向き合う態度です。ですから、もしも相手を不愉快にさせたり、傷つけてしまったりしたときは、自分の方から歩み寄ったり、相手の傷を癒したりして、フォローすることになります。

一方、自分を抑えるというのは、初めから危険を避け、相手に対して踏み込んでいこうしない態度であって、その意識が強すぎると、態度が非主張的になります。初対面の二人が両方とも自分を抑えていたら、話が一向に前に進みませんから、むしろ好奇心をもって多少は冒険した方がいいでしょう。

怒りの手前の感情に気づく

次は二つの質問を併せて紹介します。

〈ネガティブな感情とうまくつき合いながら相手に接するには、どうすればよいのでしょうか〉

〈うまく怒ることのできない人は、どういうふうに自分の感情を表現していけばよいのでしょうか〉

平木　おそらくアサーションで一番難しいのが、ネガティブな感情の表現です。なぜなら、それを伝えると、相手との間に葛藤が生じる可能性や、相手をいやな思いにさせる可能性が高いからです。

けれども、自分がネガティブな感情をもってしまうのは、相手のせいではありません。「自分がそう感じている」わけですから、そのことについて相手に協力してもらえるかどうかを聞いて見るのがアサーションです。「困っている」とか「気分が悪い」といった感情を、攻撃的にならないように、「私メッセージ」で伝える方がいいでしょう。

金井　コーチングで言う「Ｉ（アイ、私）メッセージ」で、「私としては～だと感じている」というふうに伝えるんですね。

平木　そうです。アサーションでは、「自分の感情は自分のもの」という基本を押さえておくことがとても大切です。自分がネガティブな感情を抱いていたとしても、それは相手が悪いからではなくて、自分がそういう感情をもっているということでしかないのです。もちろん、人はお互いに影響し合っていますから、相手からの刺激によって自分がネガティブな感情になることはありますが、その場合も、自分がそうなったというだけのことで、違う人なら違う感情をもつかもしれません。

だから、自分が不愉快に思っているのであれば、その気持を伝えることが大切です。相手に対して「私は、嫌な気持ちになります。やめてくださいますか」と伝えてみましょう。ただし、それによって相手がやめてくれるとは限りません。もしかすると相手は不愉快に思うかもしれません。「相手の感情は相手のもの」だからです。

金井 アサーションは相手を変えようとすることではない、というのは重要なポイントのようですね。英語の「manipulate（思うままに操る）」に当たるような振る舞いをするのがアサーションだと誤解する人がいるかもしれませんが、そうではない。

平木 実際にはIメッセージを使いつつも、相手を変えようとしている人はいます。そこがアサーションの難しいところです。自分が自分の気持ちを率直に伝えれば、相手はわかってくれるかもしれない。そう思って話すのが、Iメッセージのアサーションなのですが。

金井 怒りもネガティブな感情ですが、なぜ怒っているのかというメッセージがはっきりしていて、それが正しいのであれば、怒りの表現にも意味があると思います。

たとえば、海水浴をしていて、子どもが危険な方に泳いで行きそうになったとき、「危ない！」と言って叱るというのを超えて、怒っているように聞こえても、「そこから先に行ってはいけない」というメッセージははっきりしていますよね。

平木 私も、歩道から車道に走り出ようとする子どもに対して、「こら、ダメ！」と怒るのはいいと思います。

金井 命がかかっていますので、メッセージ性の明確な「良い一言」の怒りですね。私は、以前、怒りについてのエピソードをビジネスパーソンの人たちから収集したことがあるのですが、また、「良質の怒り」があり得るのか、あり得るとしたらどのような条件の元でか、について卒論で取り上げたゼミ生もいます。これらで明らかになったのは、人が怒られてよかったと感じるのは、その怒りにメッセージ性がある場合と、怒っている人がふだんから喜怒哀楽を豊かに表現できる人である場合なんですね。つまりポジティブな感情表現もできる人が、ここぞというときに、メッセージを込めてネガティブな感情表現をすると、相手に真剣さが伝わることがあるようでした。

平木　ネガティブでも大切なメッセージはありますね。加えて、怒りの前に感じた感情に気づいて表現することも大事だと思います。感情はいつも流れて変化もしています。このゼミで私は先ほど、怒りは脅威から自分を守るための感情信号だと説明しましたが、怒りの感情をきちんと分類してみると、「困った」とか「悲しい」とか「怖い」といった感情が見えてくることがあります。つまり何らかの形でそういう感情を引き起こされたことに対して怒っている場合があるのです。「困った」「悲しい」「怖い」といった感情を怒りに変えて、元々の感情を起こさせた相手をはねのけて自分を守ろうとしているんですね。

本当は、怒りとその手前にある感情を区別し、元々の感情をとらえて、困っているのなら「困っている」、悲しいのなら「悲しい」、怖いのなら「怖い」と表現できればよいのですが。

金井　あることにがっかりしたのであれば、怒らずにIメッセージで、「私はこのことにがっかりした」と言えればいいんですね。

平木　たとえば、私がやっているトレーニングでレポートの提出が遅れた人などがいると、私はその人に対して、「怒りたくなるんだけど、本当は約束を守ってもらえなくてがっかりしているんですよ」って言いますよ（笑）。

金井　「怒りたくなるんだけど」という枕詞がいいですね。怒りたくなったということは正直に自分の中に認めて、でも怒っているのではなく、がっかりしているのだという言い方は機微がありますね。本当に自分のことをケアしてくれる人、愛してくれる人、例えば、親や恋人から「怒っているのではなくて、がっかりしているのよ、あなたに」と言われたら、相当鈍い男でもこたえるでしょうね。

なぜ男女で感情表現は違うのか

平木　ちなみにジェンダー（社会的文化的な性差）の話をすると、女性は怒っているときに泣くことがあり、男性は寂しかったり悲しかったりするときに怒ることがあります。

金井　男女によってメッセージの感情による表現が変わってくるのですか。

平木　怒っているときというのは、脅威を感じて「これ以上はやめて」と思っているときですよね。そういうとき、女性は、泣けば誰かに守ってもらえると思っているから、「守ってほしい」と言う代わりに泣いてしまうんです。

一方、男性は、「男は寂しがったり悲しんだりしてはいけない」というジェンダーの縛りを受けてるので、寂しかったり悲しかったりすると、そういう感情を引き起こされたことに怒るんです。

金井　私も、相手に対して怒りをおぼえたとき、よくよく冷静に考えて、自分は悲しいのだと気づいたことがあります。でも、男の性《さが》で、あるいは、人間ができていないので、つい怒りの形が表に出てしまいます。男性も女性もジェンダーによってどのような感じ方は良くて、どのように感じてはいけないのか、社会にあるジェンダーの規範や文化に社会化され、男女の性別ごとに感情表出の規範が内面化されることにより、いつの間にか決まった行動パターンに陥っているということは自覚しておくとよいかもしれませんね。

さて、次に進みますが、ゼミ生からは、こんな質問も出ています。

〈平木先生は、感情の言語化は女性の方が上手だとおっしゃっていましたが、その理由はどこにあるのでしょうか〉

平木　理由はいくつか考えられます。まず、男性は女性より、「感情的になってはいけない」「強い人は感情を表に出さない」というふうにしつけられて育っているため、感情豊かになることと感情的になることをしばしば混同しています。

それから、産業革命以降、男性は、課題をこなして成果を出すという論理的・知的な仕事に従事することが多くなりましたが、女性は伝統的に、家事や子育てといった感情をともなう情緒的な仕事に携わることが多かったため、女性の方が、相手の気持ちや感情に配慮し、敏感に反応する必要があるというふうにしつけられています。

金井　ジェンダーにかかわるステレオタイプ、紋切り型思考に陥ってはいけませんが、リーダーシップ論の用語では、男性はパフォーマンスやタスクに集中してしまいがちですが、女性は気持ちや感情のメンテナンスや大切な人々への配慮も大事にしているから、女性の方が関係性の維持や発展のためにも感情の言語化がうまくなっていった面がありそうだということですね。

アサーションをどう教えるか

続いて、アサーションの教え方についての質問です。

〈たとえば、小学生にアサーションを教える際に「こんな人間になってほしい」という教師のエゴが入ってしまったり、アサーションができている組織の管理職が、組織を自分の目指す方向にもっていこうとして「みんなもこうなってほしい」という思いを抱きながら部下と接してしまったりすると、その瞬間から、アサーションは適切ではなくなってしまうのでしょうか〉

平木　さきにもふれたように、アサーションは相手を変える方法ではないので、自分のエゴで相手を説得することだと誤解してしまった時点で、それはアサーションではなくなります。にもかかわらず、学校で子どもたちにアサーションを教える教師の中には、つい子どもたちにアサーションを押しつけてしまう人がいます。上司が、組織のためを思って部下にアサーションをやらせるのも、一つ間違えれば、アサーションではなくなる可能性があります。

金井　そこがアサーション教育のパラドクスですね。

平木　アサーションは、その人が言いたいことをその人らしく言えることなのですが、教師や上司は「こういうふうに言いましょう」と教えたくなってしまったりするかもしれません。

金井　学校の授業にそれも小学校の授業でアサーションを取り入れている先生もいると聞きましたが。

平木　鈴木教夫先生という方が小学二年生にアサーションを教えていて、私は授業の様子をビデオ撮影させてもらい、販売していますが、教え方がとても上手です。まず授業の初めに『ドラえもん』の主題歌をみんなで歌うんです。それから鈴木先生が子どもたちに向かって、「隣の席の子が黙って消しゴムを取ってしまい、そのまま返してくれません。みんなだったら何と言いますか」といった問いを投げかけます。

　もちろん、そう聞かれても、子どもたちはすぐにはピンとこないのですが、鈴木先生が「じゃあ、『ドラえもん』ののび太だったら、何と言うかな」と聞くと、一斉に手が挙がります。のび太だったら、はっきり「返して」とは言えないだろうということが子どもたちにはわかるんですね。鈴木先生はさらに「じゃあ、消しゴムを取られたのがジャイアンだったら、どういうふうに言うかな」「しずかちゃんだったら、どう言うかな」と聞いていきます。

金井　なるほど。三人三様のキャラクターが、のび太＝非主張的、ジャイアン＝攻撃的、しずかちゃん＝アサーティブというふうに、自己表現の三つのタイプとぴったり一致するんですね。アサーティブになってもよい、ということが、言いたいことを言った方が自分にも周りのみんなにも良いというメッセージになることもあるのですね。

平木　そうなんです。鈴木先生は「まだないかな」「もっとないかな」と聞きながら、ブレインストーミングみたいに子どもたちに問いかけ、答えをどんどん引き出して板書していていくんですが、後で私が聞いたところ、ジャイアンが言いそうなせりふをたくさん答えたがる子は、自身も攻撃的だったりするみたいです。

金井　自分をジャイアンに投影[注3]させて、似ているところもあって喜んで答えていたのかもしれませんね。そういう子どもたちに他人事でなく大人たちも共感できます。

平木　だから鈴木先生は「みんなも、ジャイアンみたいな言い方をすることがあるよね」と言うようにして、ジャイアンをけっして悪者にしません。「のび太みたいな部分も、しずかちゃんみたいな部分も、みんなもっているでしょ」と子どもたちに言います。

注３　自分の中には認めたくない感情や性向（ここでは、怒りっぽいこと、攻撃的になってしまうことを）相手の中に見ようとすること。

　しかし、その後で、「今まで出た答えの中で、どれが好き？」と子どもたちに尋ねると、やはり「しずかちゃんの言い方がいい」と子どもたちは答えるんですね。「消しゴム、すんだら返してね」とか、「次から、使いたいときは、貸してって言ってね」と言うのがいいと。そうすると、鈴木先生はまた違うシチュエーションを設定して、「こんなとき、しずかちゃんだったら、どんなふうに言うだろう？」と再び子どもたちに問いかけるんです。

金井　「他人事にしない」というのが素直な学びの原点ですよね。教師が正解のある問題をあらかじめ用意して、「わかる人？」と聞くと、優等生しか答えられませんが、正解があるとは限らない質問を投げかければ、みんなが自分の頭で考えるようになり、自分の考えや意見を言えるようになりますね。そのような場面から出てくるものの見方を、元リクルート社のフェローで、杉並区の和田中学で民間出身の校長を務めた藤原和博さんは「正解」と対比して「納得解」と呼んでいます。小学校の授業でも、一人ひとりに自分の頭で考えて、先生のファシリテートで議論すれば、みんなで納得解を導き出す授業ができるという好例ですね。アサーションを目的にされたのではないでしょうが、間違いなく副次的効果として、アサーションの教育にもなっていたように思えます。

平木　鈴木先生は授業でアサーションという言葉は一切使いませんが、一年生と五年生では、二年生の方が早くアサーションが身につくそうです。一学期ぐらいの間に子どもたちがとても元気になると話していました。

もっとも、最近はこの『ドラえもんの』のキャラクターを使った授業はやらないようにしているとおっしゃっていました。誰かから「しずかちゃんは意外と攻撃的なところがありますよ」と指摘されたからだそうです（笑）。

金井　二年生の方が早く身につくのでしたら、アサーションの教育を小学校で始める場合、できるだけ早くから始めるのがよいということですね。

アサーションしない権利

前の質問とも関連すると思うのですが、アサーションは万能かという質問も寄せられています。

〈アサーションの限界はどこにあるのでしょうか。果たしてそれは万能なのでしょうか。使いどころをわかっていないと、無理にアサーションにこだわることよって、人との関係性が悪化してしまうこともあるかもしれません。人と仲良くなる過程では、むしろアサーションは使うべきではないのではないかとも感じます。アサーションを使うのにもベスト

なタイミングがあるのではないでしょうか〉

平木　アサーションは万能ではありません。繰り返しになりますが、アサーションは相手を変える方法ではなく、自分が変わる方法だからです。

それから、アサーションには「アサーションをしない権利」も含まれています。自分が「しない」と決めたときは、アサーティブになることをやめてもいいのです。

金井　その点に関して丁寧に言及されている平木先生のご著書もありますね。そば屋でたぬきそばを注文したのに、きつねそばが出てきてしまったとき、どうするかという例を出されて。

平木　たぬきそばに取り替えてもらいたいとはっきり告げるのもアサーションですし、待っている暇がないから、ここは黙ってきつねそばを食べようと決心するのもアサーションです。

たとえば、自分の主張を聞いてくれず、かなり感情的になって怒りをぶちまける人がいたとして、その人に向かってアサーティブに話しても、かえって相手が怒りを募らせ、暴力的になる可能性がある場合、危険を避けるために、アサーションをしない権利を使ってもいいんです。ただ、その権利を使った場合は、相手を恨まないことです。

金井　家に帰って愚痴を言うぐらいだったら、その場で言った方がいいんですか。

平木　その場で言えないこともあるので、家で愚痴を言ってもいいし、愚痴をきいてくれる人がいることは、大切です。ただ、愚痴を言わないと決めるのもアサーションです。要するに、自分で決めたことについてはすっきりしていましょうね、ということです。

最後の質問です。

〈日本人は相手を大切にしようという意識が強く、自分の意見をしっかりと伝えることも大事だという考えが生まれにくかったのかもしれませんが、他の国ではどのような特徴があるのでしょうか。宗教や文化の違いも関係するのでしょうか〉

平木　自己表現には、地理的・文化的・社会的影響が大きく反映されますし、宗教の違いも影響します。誰かが思いを伝えたとき、考え方やものの見方に違いはあっても、人々が「そうだね」と共感して話を聞いてくれるような国では、人は主張することが大事なのだと考えやすいでしょう。日本はどちらかと言うと単一民族的な国であり、外から異民族が入ってくることも少なく、また異文化に触れる機会も少なかったため、人々の主張性が低いのではないかと思われます。

金井　米国の大学のＭＢＡでは、学生が自分の成績に納得がいかない場合、教授に対してきちんとクレームを言います。この解答でこの得点はおかしいときちんと説明できるなら結構きっぱりと先生の採点は間違っている、と。それが正当な権利だと思っている。でも、日本のＭＢＡの学生さんが、神戸大学での私たちの経験では、そんな風に発言されるのは、まれにはありますが、あまり頻繁に聞くことはありませんし、クラスの場ではなくて、個別に研究室に来られます。文化的な規範が違うんでしょう。言ってこられる場合も、文句を言うというより「ちょっと調べてくれませんか」と、とてもソフトな感じです。

平木　先ほど愚痴の話をしましたが、米国人は「愚痴を言うのもアサーションだ。アサーションを断念せざるをえなかったとき、誰かに聞いてもらうことも大切！」と言います。私は米国にいた頃、「日本人は愚痴を言わないんだって？」と聞かれたことがあります。

金井　教育の影響もあるでしょうね。日本では、子どもに我慢をさせてしつけることを重視する傾向があります。そのまま、私も含め、不平はあるくせに黙っているところがありますね。そこに感情はうごめいているのに。そのくせ、土居健郎先生ではありませんが、甘えてしまう構造もあるでしょう。

平木　そう、親の育て方も影響するでしょうね。感情の話とも関係するのですが、親が感情にまつわる言葉を使って子育てしているのと、そうでないのとでは、子どもの自己表現の仕方が変わってくると思うんです。何かがあったとき、親が「ああ、悲しかったんだね」とか「困ったんだね」と言って子どもに接していれば、子どもは自分の感情の表現の仕方を自然に身につけていくでしょう。

金井　そうやって感情にまつわるボキャブラリーが豊富になっていくだけでなく、実際に自分の感情を自分からもきちんと言葉で言えるようになっていくのでしょうね。

第四章　若い人たちの学びの声（金井ゼミ生のレポート）

本書にその模様を再現した神戸大学経営学部金井ゼミの特別セッションは、二〇一三年四月一六日に行われました。セッションの後、ゼミ生たちには、

◎このセッションを通じて得た一番大きな気づき、深いと思った気づきは何か。

◎気づきがあった結果、どんな言動や心理の変化があったか。

◎大学を卒業し、ビジネスの世界の住人となった後もアサーティブに振る舞えそうか。アサーションを実践するうえで、どのような〈心配・不安〉要素、〈希望・勇気〉要素があるか。

という問いかけがなされ、ゼミ生たちからは、後日、レポートが寄せられました。以下に抄録します。

一　田中優祐

◎今日の特別セッションで学んだことで、いちばん大きな気づき

今回のセッションにおける大きな気づきは、次の三つに集約されると思いました。

一つは、アサーションについて、相手と自分の双方がハッピーになる主張法というテクニカルなイメージが先行していたが、実はそれだけではなく、人間として自分の意見を述べる権利（人権）の側面があること。そして、人はみな自分の五感というフィルターを通して事象を認知しているので、考え方やとらえ方は異なっていて当たり前だという認知の側面があることです。

本をしっかり読ませていただきましたが、残念ながら、僕の読み方では、そのようなイメージを持たずにアサーションというものをとらえていました。しかし、実際に平木先生のお話を伺うことで、このような気づきを得ることができたと思います。この気づきがどのような行動言動の変化につながっていくかは、次のところで書かせていただきます。

二つ目は、感情のとらえ方に関して。こちらは直接アサーションには関係なかったのですが、平木先生のとらえ方が非常に興味深く、大きな学びとなりました。

具体的には、「怒り」というのは、

①相手を威嚇し、恐怖を覚えさせ、相手をコントロールしようとしている。

②自らのキャパシティが限界で、これ以上いくとやばいので自己防衛として相手を攻撃しようとする。

このどちらかですという言葉が非常に印象的でした。相手が感情的になるとき、なぜ感情的になっているのか？　これを一歩踏みとどまって考えるとき、より対応がアサーティブになれるのではないかと思いました。

◎気づきがあった結果、どんな言動・心理の変化があったか

これについては、非常に大きな変化が既に起こり始めていると思います。一番大きな変化は、アサーションを学んだという事実、アサーションの具体的な方法論、そしてアサーションが人権や認知と深く関わるという事実から、日常生活の様々な場面（というか実質的にすべての時間）においてアサーションができているのか？　今の場面ではこういうような表現をすればよかったかな？　少し言いにくい場面だけど言ってみよう！　などと意識するようになりました。

これはコミュニケーションという、生まれてからずっとしてきている非常に慣れ親しんだものを二二歳になって改めて見つめ直すという意味で、非常に大きな変化だと思います。今の自分の表現、アサーティブだったかな？　この場面ではこういう風に言ってみよう。本

当にそういうことを考えるようになりました。

上記のような「意識」のレベルでもそうですか、具体的なコミュニケーションの方法としても変化がでています。それは自分が何か物事を断るとき、従来であれば、単純に「Yes or No」でのアンサーでしたが、今はまず自分の気持ちを確認し、なぜそこに至ったかという経緯を説明し、最後に具体的な提案までするという流れを行うようになりました。（それが体得できたかといわれたら、まだまだですが）

簡潔にまとめると、アサーションを平木先生から学んだことで、日々、アサーションを意識し実践するようになった。シンプルに見えるかもしれませんが、比較的自分の好き勝手を言ってきた僕にとっては、革命的な変化だと感じています。アメリカに一年間交換留学に行く上でも、優れたコミュニケーターでいるためには、このアサーションは欠かせないので、本当にこのタイミングで学べてよかったと思いますし、継続してトレーニングしていきたいです。

◎就業後のアサーションに関する不安と希望に関して

仕事に関することでは、自らの成長というところをよりどころに、相手の意見を無条件に受け入れるのではなく、お互いを大切にし合って主張していくことができると思います（新入社員であっても、自ら考え、行動し、発言することが、自分のため、会社のためにもなると信じているから）。そのような意識を評価してくれる上司は必ずいると思います。

不安要素としては、仕事以外の面。特に〝付き合い〟と呼ばれる飲み会やコンパ、ゴルフなど。日本には、若いうちは苦労しろ、だから接待付き合え、みたいな風土が流れすぎている気がするので、単純にＹｅｓかＮｏかだけではやっていけないと思う。そこで今回習ったアサーションの〝背景を述べる〟〝具体的な提案をする〟ということを少しでも実践し、お互いの妥協点を探り合っていけたらなと思います。

二　尾崎有香

◎得られた気づき

平木先生にお話いただくことで、書籍を読むだけでは理解できなかったであろう新たな考え方が沢山得られました。

例えば、赤ちゃんが泣くことについてお話して下さった内容が、書籍を読んだ時よりもずっと染み渡っていきました。確かに、赤ちゃんが泣いているときは、一生懸命相手の気持ちを知ろうとします。

しかし、どうしてか、それを大人同士ではできない時があります。「相手が怒っている」

という事実にばかり気をとらわれ、必死に相手になだめたり、空気を明るくしようとしたり、釣られて自分も機嫌が悪くなってしまいます。その時は相手の気持ちや考えを理解しようと出来ていないのだと気づかされました。

怒りについてのお話はますます理解を深めました。例えば、母親の注意に対して、つい「分かった、分かった！」などの反応をしてしまうことが今でもたまにあります。その時は、相手の言い方に釣られたりムッとなってそういう返事をしてしまうだけであり、相手が「困っている」ことに気づけば、そのような感情は起きないはずです。自分でもこの癖は嫌だなあと思っていたのですが、平木先生のお話を通じて、今までになかった視点が得られ、改善の希望が見えました。

一方で、ディスカッションによって、現実はもっと複雑で繊細だということをひしと感じました。様々な難しいケースについて話し合っている中で、自分の発言が「教科書的な正論」でしかないことを感じていました。実際の問題は一筋縄ではいかず、根気がいるものだと改めて思い知らされました。

そして、平木先生が何度も仰っていた「認知はそれぞれ違う」というお話には、改めて深く考えさせられました。私はそれを理解した気でいましたが、お話を聞いているうちに、私は、

「人に対するアドバイスの仕方」や「恋愛関係とは」など個人でルールや定義が異なる場合に、自分が強く抱いている価値観を相手に認めさせ、ひいては相手にも同じ考えになってもらおうとするきらいがあることに気づきました。あたり前だと思っていた事が出来ていなかったことに気づき、新たな反省をしました。

事前課題のレポートでは、アサーションは「相手の気持ちを知ろうとし、自分の気持ちを伝えようとする」というとても簡単なことだと述べました。確かにいたってシンプルなことなのですが、そうすることの難しさや深さを、今回のセッションのなかでのお話やディスカッションを通して感じました。

◎抱くようになった問い

家族や恋人、気の置けない友人など、親しくなればなるほど、いい意味でも悪い意味でも遠慮をしなくなっていきます。すると、親しくない人に対しては我慢したり無視できることでも、親しい人に対しては感情を抑えられないことがあります。具体的な例を述べますと、妹の言動が、他の人だと気にならないのに、やたらと気に障ってしまうことがあります。例えば、鼻歌や話し方が気になったりします。以前まではそれに対して、それこそアグレッシブに反応していたのですが、相手は全く悪くないので我慢することにしています。しかし、どうしても気に障りイライラしてしまいます。この感情の根底には何があるのでしょうか。また、この相手に対するネガティブな感情と上手く付き合いながら相手に接するには、どうすればよいのでしょうか。例えば、相手のネガティブな感情に出会ったとき、「赤ちゃんが泣いている理由を考える」姿勢で相手の気持ちに向き合っていこうと思いました。

◎気づきがあった結果、どんな言動、心理の変化があったか

言動としては、誤魔化すことをやめるようにした。自分の中のイメージとして、アサーションには「誠実」という言葉がぴったりくる。自分の気持ちとも、相手の気持ちとも誠実に向きあう姿勢を持ちたい。

心理状態としては、今後の自分のコミュニケーションに希望を抱いた。それは書籍や成功経験を通して自分に足りなかったものに気づいたこと、平木先生のお話を通して新たな考え方を得られたことによる。

◎フルタイムで仕事の世界に入って、この日の気づきがどう使えそうか

〈心配・不安〉要素

- 予期せず理不尽な対応にあったとき。その時私は自分の気持ちを大切にすることが出来るのか。

・後輩などに対して、伝えるだけになってしまわないか。例えば、指摘や要求、助言を伝えるだけで、相手がなぜそうしたのか、どのような思いを持っているかを聞いてあげられていない、ということはなくしていきたい。

〈希望・勇気〉要素

・「社会では自分の考えを押し殺すことが美徳」という神話から抜け出せること。以前バイトをしていた時、店長のミスを（店長は気づかず）私のミスだとしたことがあった。その時は口をつぐんでしまったが、アサーションを学んだ今後は、それを指摘する自分でいたい。

・営業に対してのポジティブな期待を抱いた。営業では、ついつい相手の要求を丸呑みしてしまったり、自分の要求を下手に譲らなかったりしてしまうことがある。実際に、相手の顔色を伺うことに終始していたり、どうせダメだとこちらの要望を伝えなかったり、逆にこれだけは通したいと一方的に主張をする営業経験があった。しかし、期待の食い違いがおこることを受け入れて「こちらは○○を希望している（勿論これは相手が承諾しなくてもいいというスタンスで）」「○○までなら対応できる」というような誠実なやり取りをしたい。

三　福山貴生

私はゼミでのリーディングの資料を読んだときはあまり気にならなかったのですが、ディスカッションをしている中で話題に上がった「怒り」が一番印象に残りました。平木先生がおっしゃっていたように、私たちが普段怒っている場面では、よく考えてみると〝困っている〟〝がっかりしている〟という気持ちが混じっていることに気付かされました。そしてこれまで私が怒った経験を思い出してみると、私はとても怒るのが不得意なのだとわかりました。自分の本当の気持ちをすっ飛ばして、感情の激流は抑えながらも、相手の行動を変えることばかりを考えて言葉を発していたように思います。その点に気付いただけでも、自分の中で今後のコミュニケーションにかなり活かせると思いました。

また平木先生からの「様々な感情を言語化してみてください。語彙の減少は感情の減少になります」というアドバイスも、とても私の心に響きました。私が興味のあるファッションの世界でも「かわいい」という言葉で様々なものが括られてしまい、他の表現をしない客への疑問を口にした古着屋店員がいたこと思い出しました。

◎セッションを通じての変化

自分も相手も大切にする自己表現法ということで、怒ることはダメなことだと思っていたのですが、平木先生のお話を伺っている中で、怒ること自体は悪くなく、相手に伝える段階で感情に任せるのが良くないということに気が付きました。私は怒る自分に怒るという無限ループのような状態に陥ることがあったのですが、問題は怒ることではないことに気付いて、自己嫌悪に陥ることがなくなるように思います。また、これからは相手が怒っている時に「怒っている」と一括りにせずに、他にどんな感情が入っているのだろうかと探るという選択肢が増えたように思います。

◎仕事をする上でのアサーション

この本を読んだところ、もうすでに相手と関係ができている状態（または相手がオープンな性格）が前提になっているのかなと思いました。だから本に書かれていることは、そういう状況では即効性があるのではないかと思ったのですが、仕事上で初対面で、人間関係構築とタスクの進行（お金の為）を同時にやらなければならない場面では、果たしてどうだろうか。もちろん人間的な付き合いを誰しもが望んでいると思うのですが、仕事（特に対外的）においては、自分も相手も大切にするコミュニケーションが必要かどうか疑問が残ります。ですので、弱点は、一人の人間として接することが難しい場合だと思います。

〈心配・不安〉要素

• 一人の個人として相手と接することが難しい時

・そもそも相手が歩み寄るつもりがない時
〈希望・勇気〉要素
・相互理解を深めていくべきである時
・縦社会ではなく横社会の時

四　瀧川友里子

◎セッションで得た気づき

アサーションでは「違っていることをよしとする」ということをお聞きして、気持ちが楽になりました。「違い」を「間違い」にしない理解力・行動力が大切だというのは、本当にその通りだと思いました。自分自身でも「違い」となっている考えがそもそもどういうものであるかをきちんと認識し、それを相手と共有し、対話していくことが大切なのだと実感しました。

◎気づきがあった結果、どんな言動、心理の変化があったか

感情を言語化することで、自分の中できちんと整理できるようにしたいと思いました。今までは、感情を感情のまま捉えていましたが、言語化することで、しっかりと向き合いたい

と考えるようになりました。

◎仕事の世界に入っても、この気づきが使えそうか
——入社後、アサーションを実行する上での〈心配・不安〉要素と〈希望・勇気〉要素について

成果が求められる仕事の世界においても、自分の気持ちや思いは大切なものであると思います。どのようにそれに対応していくのか、ということがさらに求められると思います。（学生時代との許容の範囲も大きく変わってくると思いますので）その意味で、この気づきは使うことができると考えます。入社後、若手社員の時を想定して、アサーションを実行する上での、〈心配・不安〉要素と〈希望・勇気〉要素について考えてみます。

〈心配・不安〉要素……慣れない環境において、自分の思いが受け入れられなかったり、拒絶されたりすることへの懸念、アサーションの実行より環境への適応を優先すべきなのではという思い。

〈希望・勇気〉要素……自分を一人の人として応援してくれる上司・同僚の理解、アサーションの実行が職場にもたらすプラスの効果への期待。

五　日下愛理

◎セッションで得た気づき

セッションを通して、「怒り」と「非主張的」というキーワードがとても印象に残りました。まず初めに自分が相手にやっつけられるのではないかと感じ、自分を守るため怒りをむき出しにすると平木先生が説明して下さり、確かにその通りだと感じました。

私は親に対してよく怒りをぶつけてしまうのですが、友人やサークルの人々に対して怒りをぶつけたことがほとんどありません。家族以外の人々から多少嫌なことをされても、その後の関係性を大切にしたいという思いで、怒りという自分の感情を伝えることなく、非主張的なまま終わることが多いです。しかし、生き生きとしたコミュニケーションを実現し、お互いの関係を深くするためには、相手も自分も大切にして本当の思いを伝えることが一番大切なのではないかと改めて認識することが出来ました。

◎気づきがあった結果、どんな言動、心理の変化があったか

まず、親と話をする時には、もっとお互いの気持ちを大切にしてコミュニケーションを図りたいと考えるようになりました。ゼミが終わった後、母にゼミでアサーションについて学んだという話をしたところ、二人ともアサーティブな会話が全然出来ていなかったねと、お

互いに反省しました。一方的に押し付けるような話し方をするのではなく、相手を尊重しつつ、自分の意見を主張する。まだまだ完璧にするには難しいとは思いますが、これからアサーションをしっかり意識しながら会話したいと思いました。

◎仕事の世界に入っても、この気づきが使えそうか
——アサーションを実行する上での〈心配・不安〉要素と〈希望・勇気〉要素について

就活を通して、企業は自分の意見をしっかりと伝えることが出来る人間を求めているように感じました。実際に面接でも、年上の人とコミュニケーションを図る際にどうするか、などといった質問を受けることもありました。その上で、やはり自分の意見を伝え、相手の意見も尊重できる能力が求められていると思います。

〈心配・不安〉要素……アサーティブなコミュニケーションを図ることができる環境がそもそも社内にあるのか。新入社員の意見を尊重してくれる雰囲気があるのかどうか。

〈希望・勇気〉要素……そもそもアサーティブな会話が行われている、もしくはアサーティブな会話を自分が意識することで周りにも広がり、アサーティブな環境創りが出来る。

六　角野亜佐美

「その時々で自分の気持ちを確認しないと、自分の事が分からなくなってくる」という言葉を聴いて、ハッとしました。自分の心の中の深い部分を突かれたような気持ちになりました。

ゼミでもお話しさせて頂いたように、私は物心ついた時から、自分の悩みや考えなどを表現することを避けてきました。相手が不愉快な気持ちにならないか、とにかく不安だったのです。出かかった言葉を何度も飲み込んで、また頭の中でこねくり回して、発酵させてしまった自分の思いは、どのように伝えたら良いのか。言葉は、抽象的な事を表現するには何とも使い勝手の良い道具ですが、思いが具体的になればなる程、相手に伝わる時には核心部分から遠ざかってしまうようで、怖かったのです。

私がこんな風に萎縮してしまうようになったのには、大きな理由があります。それは、子供時代の親子関係です。平木先生が仰っていた通り、家族は、人が生まれてから最初に経験する社会だということで、特に幼少期の個人にとって、最も重要な居場所だと思います。私自身、色んないきさつがあって、自分の存在に、どうしても自信が持てませんでした。「そもそも、私の思いに興味を持ってくれる人なんて居るのか……」。何よりもまずこの疑問が解消されず、いつの間にか、諦めてしまう癖がつきました。

転機が訪れたのは、大学に入ってからです。ようやく、答えのない問いに途方に暮れる日々から脱することができました。そのきっかけも、やはり家族の存在でした。粘り強いコミュニケーションを通して、「自分は生まれた時からずっと愛されてきたんだ」と、感じられるようになったのです。勿論それまでも、決して一人で生きてきたとは思っていませんでした。ただ、自分は必要のない子のように思えて、不安だったのです。

今私は、心から、自分の家族を誇りに思っています。父と母の元に生まれて来られて、本当に幸せです。これからも精一杯、感謝の気持ちを伝えようと思います。

そして、アサーションがもたらすものは、人が他者と関わろうとする際の姿勢だという事も、実感しています。今でも、人前で自分の事を話す際には緊張したり焦ったりしてしまいますが、以前と劇的に変化した部分があります。それは、拙い言葉でも、自分の考えを人に知って欲しいと思うようになったこと。

そして今回、平木先生の貴重なお話を聴く中で、過去の経験を振り返り、気付きを言葉で表現する重要性をより一層感じました。平木先生のお言葉は、一つ一つがシンプルでありながら、非常に重みがあります。人の心を動かすことができる言葉というのは、やはり語り手の経験の深さに依存すると思います。だから、面倒臭がらずに自分の感じたことを言葉にしてみることは、アサーションの輪を広げていく上で、不可欠な営みなのだと気付きました。

ゼミの場では、私にはない沢山の魅力を持っている人達に囲まれて、良い刺激を受けています。つくづく、金井ゼミに入ることができて良かったと思います。今後の目標として、日々の気付きに敏感になる事、そしてそれを誰かに伝えることを、意識していこうと思いました。貴重なお時間を、本当にありがとうございました。

◎仕事をする上でのアサーション

身近な人との関係の中でアサーションを心懸ける上での心配事としては、結局相手に自分の価値観を押し付けてしまうことにならないか、という点です。自分の行動や感情に責任は取れても、やはり他者の領域には簡単に踏み込むべきではありません。誰しも価値自由にはなれないから、自分の考えが目の前の相手の立場からどれだけ離れた所に位置するのか、気を配る必要があります。その意味で、自己責任の範囲が広くなり、結果、元のノンアサーティブな自分に戻ってしまうかもしれない……という不安はあります。

それは職場においても同様で、恐らくその組織で受け継がれてきた考え方や慣習があるかと思います。職務内容によっても、ある程度組織の性格は特徴づけられるでしょうし、トップに立つ方の考え方も、大きく関わってきます。「組織が変わるとは、個人が変わることだ」

という信条には、私も強く共感していますが、もし組織が元々閉鎖的な環境だとしたら、一個人の心懸けではアサーションの浸透は難しいように思います。そう考えると、先人の教えである「郷に入れば郷に従え」は、いつになっても廃れない知恵と言えるでしょう。

一方で、アサーションによる希望に満ちた生き方についても、想像が膨らみます。

感情を意のままに表現にすることが危険に感じられるのは、いつの間にか冷静に対応できなくなってしまうからです。平木先生のお話を聴いて、そのことに気付きました。口にするのも憚られる様な過激な思いを抱いたとして、それをそのまま抑圧してしまうことの方が、よほど危険です。何事もなかったかのように取り繕っても、気持ちは誤魔化せない。その結果、不満はどんどん蓄積されていって、爆発してしまう。その時には、殆どの場合において、何らかの行動を起こしてしまっている……。

だから、自分の気持ちを思い切って言葉にしてみること、そして「何故、そう思うのか」という問いに誠実に答えることが何よりも大事なのだと、より多くの人が意識できたら良いなと思います。アサーションの考え方が世界中の人々に自然な形で受け入れられるようになったら、もはや相手を力で威嚇する必要もなくなるでしょう。今一人歩きしている平和という言葉に、ようやく意味を持たせることができるようになります。

職場では、直接の上司の方に支援して頂けたら、アサーティブな組織作りが円滑に進むかと思います。組織内のリーダーシップにおいてミドルマネージャーの役割が大きいように、アサーションの姿勢も中央から波及させ方が効率的だと期待できます。

風通しの良い職場で、日々誇りを持って仕事ができるように、私自身、アサーティブな表現を日常生活の中で訓練していこうと思います。

七　奥村伸也

◎セッションにおいて一番深かった気づきは？

「あの人を殺したい、とまでは言っていいんです」という平木先生の言葉が印象に残っています。この言葉を聞いたときに、私自身ぎょっとしてしまったということは、「えっ、そんなことって言ってもいいの？」という思いが自分の心に根付いているからだと思います。そこがやはり、自分の感情を周りの人間に発露するのが苦手であることの要因になっているのだということに気付きました。

「周りの人に嫌われてしまうんじゃないか」「迷惑なんじゃないか」という気持ちが無意識に働いて、自分の感情を自分の内にだけ留めてしまうよりも、正直に自分の言葉を表現する。

周りの友達が「それって、どうしてなの」と聞く。そこから事情を説明した結果、物事が前に進み、よりよいコミュニケーションにつながる、という道を信じて恐れずに選んでもいいのだということを再認識することができました。

これからの人生で、自分の感情を素直に表現するかどうか迷った時は、「よりよいコミュニケーションにつながるなら、あの人を殺したいとまでは言っていいんだ」という言葉を頭に浮かべながら判断しようと思えたことは自分にとってプラスになりました。

◎気づきがあった結果、どんな言動、心理の変化があったか

自分の悩みをなかなか打ち明けられませんでしたが、それを今後は少しずつ助け舟を出せるようになっていきたいとより一層感じました。

それと、日常生活では、これまでの人生でないがしろにしてきた場面でも、意識して相手も自分もうきうきするコミュニケーションをとっていけるように意識的に変化を加えました。例えば今日、こぢんまりとした雰囲気のよいレストランで食事をし終えた後、店長に対して「この店、いいですね。また来ます」と一声かけるだけで、相手が満面の笑みを浮かべてくれ、僕もその後はしばらく夜道を歩くのがすがすがしくて気持ちよかったのです。本当に日常の何気ない場面でも、相手のいい所を積極的に拾って言語化し、相手に伝える。いま

まで流してしまった場面でもコミュニケーションすること自体が楽しくなる。こうすることが僕らしいアサーションなのではないかと考えています。

◎会社でもアサーティブに振る舞えそうか、難しいとしたらどこに落とし穴があるか、新人がアサーションするとしたらどんなシーンが想定できるか

〈心配・不安〉要素と〈希望・勇気〉要素

私は、新人であるからこそ、組織人が慣れきってしまって当たり前だと思っている慣習に対して、「なんで、これはこのようにするんですか？」という本質的な問いを自発的に投げかけていきたいと考えています。それは相手に自分の率直な想いを表現することでもあるので、アサーションが有効であると思います。

ただしその反面、組織や仕事に対する無知さゆえに、アサーティブに振る舞えないことがあるのではないでしょうか。「こんなことも分からないくせに」と言われた瞬間、新人は一気に自発性を失ってしまうし、結果的に新人が成長段階において組織に与える価値も、かき消されてしまうのではないかと想定しています。

〈心配・不安〉要素

周りが協調を求めない一匹狼型

〈希望・勇気〉要素
人間関係に前向きな人に囲まれる

八　松浦周平

◎セッションで得た新たな気づき

・怒り

怒りは、困惑や自分に対する脅威から生まれるものであるという点に気付きを感じました。確かに勝手に怒っているよりも、自分は困っていると相手に伝えたほうが、相手にとっても、より解りやすいのではないかと思いました。叱り方も工夫次第で、相手へより伝わりやすくなると感じました。

・自分から働きかけること、自分が受けること

自分から相手に働きかけることが得意、自分が相手から言葉を受けて対応することが得意、あるいはその反対があるということに気付きました。確かに、怒りを表現することは困難がなくても、相手の怒りに対しては困惑する場合があると感じました。このように、どちらか一方が得意で、どちらか一方が不得意であれば、コミュニケーションが一方通行になってし

まうのではないのかと思いました。

◎セッションを経て抱くようになった問い

平木先生とのやり取りの中で、怒りについてより興味深く伺っていました。ゼミの最中には伺うことができなかったのですが、うまく怒ることができない人はどういうふうに自分の感情を表現していけばよいのかという疑問をゼミの後に抱くようになりました。もちろん、困っているということを他者に伝えることができるのであれば、問題は解決できるのでしょうが、それが簡単にいかない故に、また相手に伝わらないが故に、今日の虐待や体罰等の問題になっていると感じております。

また自分も将来、リーダーや親として怒りを発揮することがあるかと思いますが、困っているということが伝わらなければ、どう対処すればよいのかと思っております。怒ることが下手な人の感情の表現の仕方や、困惑が伝わらない時の対処法についてもっと伺いたいと思うようになりました。

九　和泉大輝

◎特別セッションでの一番大きな気付き、深い気付き

「自分は殻にこもりやすい人」だということ、そしてその自分を周りが「acknowledge：受け止めて」くれていたことを改めて認識しました。アサーションのセッションにもかかわらず、自分自身がノンアサーティブな状態で参加してしまったことが申し訳なかったです。自分は「いい人」であろうとして、「自分らしくその場にいること」がうまくできないことが多々あります。今まで大切にして来なかった自分自身の心の声がセッション中に頭の中に響いていました。まずは自分自身をさらけ出すこと、その上で、自分の本当の感情を周囲にも表現することをコツコツしていこうと思います。そして周りが温かく見守ってくださったことに感謝、感謝です。あと、acknowledge の例として「相手を放置することもアサーションである」という言葉も印象的でした。相手を変えようとしないこと、大切にすることの選択肢は、思った以上に多くなるのだということがわかり、気が楽になりました。

◎セッションを通じての気づきがあった結果、どんな言動、心理の変化があったか

人は、思った以上に自分のことを言っていいのだと思えることができ、心が軽くなりました。高校野球の時に、ミスを認め、言い訳をしないことが部活で徹底された結果、「無理な

時は無理と言って周りに助けてもらうこと＝逃げ」という価値観をいまだに持っています。ですが、今回のセッションを通じ、その価値観が今まで自分の感情を抑圧してきたのだと、改めて実感しました。アサーションという、自分も相手も大切に思う自己表現方法は、相手を本気で信頼することがある気持ちが前提にあって成り立つのだと思いました。

◎仕事でもこの気づきが使えるか

仕事の場でもアサーティブに振る舞えるでしょうが、簡単ではないと思います。「上下関係」や「交友関係」に急激な変化があり、今まで以上に年齢差のある人、価値観の違う人との交流が増えることが、アサーションを難しくさせることに繋がりうるのではないでしょうか。今まで学校や部活といった、いわば閉ざされた空間で育ってきた私達にとって、新たに出会うものは非常に多く、またそれに対応出来るだけの自分を持つことが大切だと思っています。その上で、まずは「自分を大切にすること」「ありのままの自分でいること」を徹底すること、大切にしていくことが、社会に出る前にしておくことだと思います。アサーションの拠り所はあくまで「自分自身」であると思います。

◎入社後、今回入門したアサーションを実践するうえでの〈心配・不安〉要素

- 自分とそりの合わない人と関わる場面

・〆切期限が迫り、空気がピリピリした場面
〈希望・勇気〉要素
・同僚との親睦がスムーズになる
・良い人間関係ができ、精神的に良い状態を自分で作り出すこと

一〇　佐々木崇博

◎セッションを終えての気づき

指摘の仕方によってどうしてもダメージを受けてしまう後輩の話の部分で感じましたが、アサーションによって歩み寄ることはできるが、そこに正解は存在しない、ということを強く感じました。人によって感じ方は違いますし、相手のことを考えて接しているつもりが、それでも相手を傷つけてしまったりということもあって、結局は人と深い関係になろうと思うと、個人ベースでアサーションを考えなくてはならないと思います。それを苦とせずに様々な人を大切にできるアサーションの適応能力を身につけることが出来れば、そこにまた一つ上のアサーションが見えてくるのではないかと思います。

「怒り」は大切な表現で、ちゃんと表現する必要がある、という話に納得感がありました。

生きる上で大切な感情で、コレ以上何かがあるとやられてしまうというような状況で起こる感情、というお話をされていましたが、たしかにそうだなと。自分は怒りを表出するのが、いい意味でも悪い意味でもあまり得意ではないので、時にはそれも必要なことだと再認識しました。

◎会社でもアサーティブに振舞えそうか

現時点では、自分は会社に入ってからもアサーションを意識して、同僚と上手くやっていけそうだと思っています。アルバイトでも様々な人がいますが、相手の状況や心境を予想して良好な関係を築けています。同期の人間であれば、こちらからアサーションを持って働きかけていれば、自然と相手も自分に対してアサーションを発揮してくれるようになると感じています。

不安な要素があるとすれば、自分より立場が上にある人、「上司」となる人があまりアサーティブでない場合、職場の雰囲気や環境が悪くなるのではないかという不安があります。個人ベースでの関係であれば、こちらが変われば関係を良好に保てますが、チームでの雰囲気だと、自分一人の力で良い方向に持っていくのが少し難しいのではないかと思います。どうしてもその時（上司が原因でチームの雰囲気が良くない時）は、自分ではなく、相手を変えようとするプロセスが必要になってくると思います。アルバイトでは同じような状況でなかなか苦戦した経験もありました。結局、上司にアサーティブになってもらうというよりは、同期での結束を固めて士気をあげることによって乗り越えました。

十一　多門佑夏

◎今回の特別セッションで学んだことで得た気づき

- アサーションは特定のシーンのときに発揮されるものではなく、日常的なコミュニケーションで使える、人間関係の基本であるということ。日常的にアサーションを使えるようになることで、コミュニケーションがもっと快活になる。
- 悩みを話すときは、「悩んでいるというネガティブな自分」を見せられなくて、打ち明けられない人が多い。しかし自分の弱みを見せることでむしろ、「この人も人間なんだな」という共感を生み、よい人間関係を生み出すこともある。
- 日本人は単一民族だから、みんな同じと思っている節がある。しかし、万人に通じる物の見方という真実はない。
- 「怒り」は自分を守るための表現だということ。人間になくてはならない感情の一つである。
- 同じ「叱る」にしても、様々な方法がある。

◎気づきがあった結果、どんな言動、心理の変化があったか

「叱る」方法へのゼミ生からのアドバイスには、参考にしたいものが驚くほどたくさんありました。私は「叱る」ということは1人でしかしないものだという先入観にとらわれていましたが、間違いを指摘する者とサポートする者、という役割分担をするという方法。また自分が相手と似たような悩みをあえて相談することで、自分の姿を客観的に見させる方法。特にこの二つはこれからすぐにでも実践したいと思っています。そして、自分が過去に失敗した「叱り方」を振り返るにもいい材料となり、改善すべき点が明確に認識できました。このようにして真のアサーションが完成していくのだと思います。

◎フルタイムの仕事の世界に入っても、この日の気づきが使えそうか

会社でアサーティブにふるまえるかと言われると、きっと難しいと思います。人間は地位や権力を手に入れると、どうしても攻撃的に振舞いがちになります。またそういった攻撃的な上司に対して、非攻撃的になる部下が気に入られている姿などを目の当たりにすれば、自分がアサーティブに振舞おうとすることは余計にできなくなると思います〈心配・不安〉要素）。

私はそういった状況を避けるために、入社前から、アサーティブな上司がいる会社を選んでいました。しかし実際に入社すれば、入社前にまだ出会っていない上司の中には、アサーティ

ブなコミュニケーションをとろうとしない人もいると思います。そのときには同じような悩みをもつ同期が拠り所となり、入社前に見つけていたアサーティブな上司が支援者となってくれるでしょう。つまり、職場でアサーティブなコミュニケーションをとっていくには、アサーティブな上司を一人でも見つけておくことが大事になると思います〈希望・勇気〉要素)。

十二　立川絢一

◎セッションで学んだ気づき

セッションを通して得た気づきは、「相互交流は必要だが、相互理解は必ずしも達成されなくてよい」ということです。

私自身は、これまでコミュニケーションを行うなかで相互理解を常に意識してきました。例えば、部活などの場面においても考え方の違うメンバーが存在する場合には、自分たちの考えを伝え、彼らの考えを聞くようにし、その上で妥協点を見出すことで、問題の解決を図ろうとしてきました。

しかし実際の場面では、相手の主張の根底にある物が理解できなかったり、理解できたとしても認められないような場面がいくつかありました。そのような場面において、どのように相手の考えを取り入れるのか非常に苦労してきました。

そのような中、今日のセッションを通して、理解しきれない相手が存在するのを認めることもアサーティブであるという考え方を知りました。これまでは「交流→理解→歩み寄り」という流れを必須のものとして考えていましたが、必ずしも歩み寄りの段階までいかなかったとしても仕方ないと考えていいということに改めて気づくことができ、非常に参考になりました。

◎気づきがあった結果、どんな言動、心理の変化があったか

上記のような気づきを得た結果、どうしても自分にとって理解できない人が存在するということを再認識できました。

私は学生時代を通して、年が五〇歳離れたサークルのＯＢ・ＯＧの方々、災害ボランティア活動を通して知り合ったバックボーンの全く異なる人たち、海外旅行を通して知り合った生活習慣の全く異なった人たちなど、様々な人々との交流を通して、考え方や価値観の違いを乗り越えようとしてきました。多くの場面で、アサーティブに人と接し、価値観の違いを理解し合うことができてきたように思います。

そのため「これまでは価値観の違いを乗り越えてこれたのだから……」という考えが心の中にあり、上手くいかない場合に大きな負担になっていたように思います。今回のセッションを通して、その点について改めて考え、理解を深めることができ、少し心が軽くなりました。

◎会社でもアサーティブに振舞えそうか、難しいとしたらどこに落とし穴あるか

風通しの良い組織であれば、アサーティブに振舞うことができると思います。しかしながら組織がアサーティブでない場合、自分が率先してアサーティブに振舞うことができるかと聞かれたならば、自信を持って答えることとできません。

私がこれまでで一番アサーティブに振舞えなかった場面は、災害ボランティア活動です。私には大した知識もなく、年齢も低かったにも関わらず、経験回数が多いという理由でチームリーダーを任されてしまいました。この時は自分の意見を全く伝えられず、非常に苦労しました。年齢や知識量で勝てない相手をマネジメントしなければならない場面に陥った場合、組織の風通しがよくなければ自分自身が委縮してしまい、苦労することになると思います。

〈心配・不安〉要素

- 組織の風通しがよくない場合に対応しかねる
- 上下関係が複雑な状況にある場合に対応しかねる

〈希望・勇気〉要素

- アサーティブに人と接した結果、上手く理解しえなかったとしても、仕方ないと考えら

れるようになった

十三　鍋島　覚

◎得られた気づき

本を読んだことを含め、「アサーション」という概念を知れたことで、気付けたことは二つです。

一つ目は、「違い」を「間違い」にしないということが、ひいては世界平和にもつながっていくという点です。平木先生がおっしゃっていた「アメリカとイラクはただ違うだけ」というお言葉に感銘を受けました。大切なのは相手を受け入れることで、自分も相手も正しくあっていいのだという考え方は、これからの人生においてきっと役立つだろうと思います。

二つ目は、自分がどういう人間なのかということを明確に意識することができた点です。自分はどうやら「非主張的」な部分が多く、特に「日本文化的」な状況に弱いようなので、その部分に注意して、よりアサーティブになっていきたいと思うことができました。

◎気づきがあった結果、どんな言動・心理の変化があったか

言動については、常に「相手を非難するような口調になっていないか」「自分の意見を言

えているか」「具体的な提案ができているか」に気を遣うようになりました。また、さっそく昨晩、仲の良い友人に対してここしばらく「いやだな」と感じていたことを理由とともに伝え、「気を付ける」と言ってもらうことができました。

心理については、目上の人とのコミュニケーションや状況的にアサーションが難しい状況においても意見を言おうという心構えができました。また、そのためにアサーションの使い方を何度も確認したいと感じています。

◎フルタイムでの仕事の世界に入って、この日の気づきがどう使えそうか

〈心配・不安〉要素

ひょっとしたら使えないかもしれないと思いました。特に、ビジネスの世界で取引相手と話をするときなど、「相手を立てる」という文化を色濃く感じるときはどうしても尻込みしてしまうかもしれないと思います。

〈希望・勇気〉要素

逆に、欧米的な文化を取り入れている企業や会社においては、トップの人や上の人がアサーションに理解を示してくれると考えています。またそうすることによってより仲が深まるということも信じているので、勇気を持つこともできるのではないかと思います。

十四　清水義貴

◎特別セッションで学んだ気付き

私がこのセッションで気付いた点は二点あります。

一つは〝怒りの動機〟についてです。平木先生は「怒ることに慣れている人もいる。動機のない怒りもあるだろう」と仰っていました。私はどこか人間は性善的な生き物であると考えていたのですが（父が息子の考えに否定的な意見を述べるのも、息子を信じたために将来自分ががっかりした気持ちになるかもしれないという、期待に対するリスクの大きさを感じ取っているのだと解釈しています）、確かに現に怒る必要のないことに対しても執拗に怒りをぶつけている人はよく見かけており、彼らがなぜ怒りをぶつけているのかを考えたことがありませんでした。〝愛の反対は無関心〟という言葉があるように、〝怒りの反対も無関心である〟と考えていた私にとっては目から鱗の見解でした。怒ることに慣れてしまった人は、自分の感情を抑える必要性を感じなくなり、一種の〝楽さ〟を味わっているのではないか、とも考えております。そういった方々に対して、自分がどのようにアサーティブな関わり方をしていけば、怒りを主とする相手も大切にした自己表現が出来るのかを考えてみたいと思いました。

もう一つは〝言葉（品詞）の性質〟についてです。相手に自分の考えを伝えるには、まず自身の中で内面化した感情を言語化し、声に乗せて発する必要があります。その時、例えば、「私は学生に生き生きとしたキャンパスライフを送って貰いたいと思い、活動しました」と表現することと、「私は学生に生きがいをもってキャンパスライフを送って貰いたいと思い、活動しました」と表現することでは、後者の方がなぜか具体性を帯びた表現のように聞こえます。

どちらも学生に〝何かしらの目的意識を持ち、かつその達成に向けて尽力すること〟を勧めていることに違いはないのですが、前者は〝生き生きとした〟という形容詞を、後者は〝生きがい〟という名詞を用いて自身の考えを表現しています。この品詞の差を認識することこそが、自分の思いを相手に伝える上で凄く大切な取り組みであり、アサーティブな会話には必要な要素であると感じました。またあるいは、形容詞よりも名詞の方が自身の経験からくるイメージが合致しやすいのかもしれません。以上の二点が私の気付きです。

◎気づきがあった結果、どんな言動・心理の変化があったか

会話において私はいつも相手の特徴や心理状況などを加味した上で、自分にとっても相手にとっても最適だと思われる返答をしてきました。しかしながら平木先生の「あの人を殺したい」とまでは言ってもよいという言葉を聞きまして、印象の善し悪しを怖れず、程度が甚だしくなっても、もっと素直に自分の感情を表現してもよいのではないかと感じました。

◎将来、仕事でアサーションを実践する上での

〈心配・不安〉要素

- 上司が怒りに慣れてしまっている状況
- 組織の雰囲気として、何かしらの束縛がある状況（例えば結果のみが重要視されるなど）
- 組織に相手を認める雰囲気がない状況

〈希望・勇気〉要素

- まだ組織に染まっていない同期がいる点
- 怒りに慣れてしまっている人がいると想定できる点

第五章　経営学とアサーションとの架け橋

経営学というと、利益をあげるための、つまりは金儲けのための学問だと思われているひともいるでしょうし、また、そんなのなら学問ではないとつい毛嫌いしている方もいることでしょう。

組織行動論との出会い

わたしも、経営学の中に、組織行動という分野があるのを知るまではそう思っていました。元々は、学部の学生のときに、ひとの発達や臨床心理学を学んでいたので、まずは、ひとの問題に興味をもち、河合隼雄先生の臨床心理学概論を一年生から三年生までの間、連続して受講しました。河合先生は、チューリッヒでユング派の分析家としての資格も得て、ユンギアンとしてのアイデンティティもおもちだったので、非常に興味深い講義をされました。元々、臨床の知に深い興味をもったわたしは、後に、経営学で組織行動論を専攻するようになっても、組織論におけるクリニカル・アプローチの発展には、関心を持ち続けていました。

思えば、人間関係論を経営学にもたらした、フリッツ・J．レスリスバーガーは、臨床心理学にも造詣が深かったと言われており、そうでなければ、人事や組織にかかわる研究に心理学的な視点の導入はなされなかったでしょう。わたしは、軸足をそういう臨床の知の世界におきつつも、まだ学部学生でしたので、なにをライフワークとすべきかは、まったく見当がつかず、雑学でいろんな書籍を広く読みあさっていました。兄が大変な読書家だったので、その影響も受けていますが、経営学の中で、ひとを扱う分野があることとみつけたのは乱読のおかげであったと思っています。

組織行動という用語の意味

恩師の一人である占部都美先生の経営学は、ひとの意思決定に焦点を合わせて意思決定論的組織論を提唱され、著書の中で「これを学べば、経営者だけでなく、働く一人ひとりの人間も主体的に意思決定できる人間になっていく」と示唆されていました。こういう分野もあるのかと、興味を惹かれました。

出発点では、人間関係論といわれた分野は、今では、通常のＭＢＡ（経営学修士）コースでは、組織行動、もしくは組織行動論という科目名で、必須となっています。この組織行動という日本語は翻訳言葉で、元々の日本語にはなかった言葉でしょう。元の英語は、organizational behavior という言葉です。この科目名については、英語を母国語とする人も、「変な英語」だといいます。これだと、全体として組織の振る舞い、組織がどう動くか、というイメージをお持ちになるかもしれません。実は、この言葉で表しているのは、組織全体の動きでなく、組織の中の人間の行動という意味で、きちんと書けば、human behavior in organization という表現になります（ちなみに、集団レベルの人々の動きについては、グループ・ダイナミクスという分野があり、それも、グループやリーダーシップにかかわるテーマで組織行動とつながっています）。しかし、この四語からなる科目名称は、長すぎるということで、やがて organizational behavior と呼ばれるようになり、さらに、ビジネススクールの教員やＭＢＡ院生の間では、ＯＢ（オービー）という略称が使われるようにもなりました。

経営者を目指すＭＢＡの院生たちは、この科目で、組織の中の人間行動にかかわるトピックを扱います。さらに、モティベーション、キャリア、リーダーシップが三大トピックと呼ばれ、実際に、人間から成り立つ組織を効果的に変革していく実践的テーマとして、組織変革や組織開発を含めると四大テーマがＯＢには存在することになります。もっとも、組織変革を起こすことはそもそもリーダーの主要な役割でもありますので、リーダーシップというテーマの中に、組織変革は織り込まれているとも言えます。

マネジメントとリーダーシップ

経営学の世界における用語では組織の秩序といえば「マネジメント」、組織のチェンジ・変革（さらに、組織の転換や大変革には、〝トランスフォーメン〟）といえば、その担い手として「リーダーシップ」がキーワードとなります。

きちんと決められたとおりに、粛々と事が運ぶのがマネジメントで、コングロマリット（異業種の会社まで合併などで吸収すること）を厳しい管理で仕切ったＩＴＴの経営者、ハロルド・ジェニーンは、「マネジメントに驚きはあってはならない」と言い切ったものです。

マネジメントが粛々とものごとが成し遂げられていくプロセスだとすれば、他方で、リーダーシップの核となるキーワードは、〝変化・変革〟です。組織が安定したオペレーション（業務）を実現するには、粛々とマネジメントが進むことが必要ですが、オペレーションそのものを変えたり、さらには、提供する製品・サービスの内容を変えたり、さらには、会社の方向づけを変えるときには、経営戦略が必要となります。経営者になるとそういうリーダーシップを発揮しなければなりません。

リーダーシップを発揮するには

そこに至る前でも、社会の一員として働くようになれば、一人前に仕事ができるようになるために、ひとは、自らのモティベーションを自己調整し、落ち込んだときにも自分を鼓舞する人間にならなければなりません。また、組織の中の人間行動では、自分の言いたいことをきちんと相手に伝える、ということが大切になります。そのよう相手に伝えていくことで、自分の周りのひとに影響を与えていきます。つまり、喜んでフォロワーたちが目的にむかってがんばるように方向づけ、動機づけるのがリーダーシップです。

興味深いことに、このリーダーシップは、座学で身につくわけにはいかないことも注目されるようになってきました。すばらしいリーダーシップを発揮できるようになったひとに、どのような出来事を通じて、そのようなことができるようになったのか、を丹念に調べた調査があります。CCL（センター・フォー・クリエイティブ・リーダーシップ）という研究教育機関が米国にあるのですが、そこが実施した調査によれば、リーダーシップを身につけるのは、経験を通じてというウェイトが一番高く（七〇パーセント）、実際にリーダーシップを発揮しているひとの薫陶によって鍛えられる側面が二番目のウェイト（二〇パーセント）

で、研修や座学で身につけたというひとは意外に少ない（一〇パーセント）です。

コミュニケーションの必要性

わたしは、既述のとおり、経営学の中でも、組織の中における人間の行動を扱う学問分野（組織行動論と呼ばれます）を長らく研究・教育してきました。そして、モティベーションもリーダーシップもキャリアも組織変革や組織開発も、コミュニケーションを伴わずに成り立たせることは難しいので、実はコミュニケーションがとても大事なのに、その研究教育が少ないとずっと思っていました。

もちろん、「組織におけるコミュニケーション」というようなタイトルの書籍（なんと、八四八ページの大作です）もあれば、実習を伴うコミュニケーションの科目がＭＢＡプログラムの中に設けられているビジネススクールもあります。別の角度からマネジャーの日常行動の調査によると、経営者も中間管理職も、口頭コミュニケーションに、八割から九割の時間を使っていることがわかっています。それだけコミュニケーションは大切なのです。

言いたいことを言いたい人にきちんと伝える権利

しかし、わたしにとって目から鱗だったのは、組織の中の人間という限定された視点でなく、人間である限り、そもそも人権として、「言いたいことを言いたいひとにきちんと伝える権利がある」ということです。また、この権利を実現するための方法として、アサーション、もしくはアサーティブネスという、体系的に理論づけて、技法として広めるという研究教育分野があるということを、わが国で平木典子先生から学びました。このことは、組織行動論の教育者研究者としてのキャリアの中で、とても大きな新たな学びとなり、そして、（大げさですが）発見ともなりました。

また、この分野の提唱者でもあるロバート・E．アルベルティとマイケル・L．エモンズによる古典的著作『自己主張トレーニング』（菅沼憲治・ジャレット純子訳、改訂新版、二〇〇九、東京図書）を熟読するプロセスを通じて、アサーティブであることは、ただ言いたいことを相手にきちんと伝える技法にとどまるものではなく、それがひととしての生き方の基本にもつながり、さらには、既述のとおり、だれもがもつべき権利でもあることをあらためて学びました。アルベルティらの著書は、原著タイトルをそのまま訳せば、『あなたがもつ完全な権利（*Your Perfect Right*）』という言葉になります。自分も相手も大切にするコミュニケーションとは、自分の権利も相手の権利もともに尊重するコミュニケーション技法、さらに技法を超えて、ひととの関係の作り方、さらには生き方にまでたどり着きます。実践的技法として、アサーション、アサーティブネスというテーマが存在するだけでなく、人間社会で生きるうえでの権利でもあるという立場から、このテーマの存在価値・実践価値が位置付けられていることを初めて知ったときの驚きはいまでも忘れません。

個人の権利を尊重する

ひととひととの間をつむぐのがコミュニケーションであるなら、対等な友人関係、仲間、同僚との関係だけでなく、上の学年の先輩や先生がいる学校でも、階層上の組織でもある会社でも、たた上の言うことを聞くだけではなく、自由闊達な雰囲気の中で個人の権利が尊重されなければなりません。

カウンセリングなどでも、技法はもちろん大切ですが、技法だけの問題ではなく、心の持ちよう、マインドの問題だということがいえるでしょう。しかし、専門職としてカウンセラーが存在するような分野と違って、アサーション、アサーティブネスという分野では、「アサーショニスト」という専門家がいるわけでもなく、またそういう言葉もありません。私は、カウンセリング心理学などの臨床の知から、聞き上手であることが大変な美徳であることに気づき、わたしたち一人ひとりが納得したよい生き方を、他の人々との関係性の中で実践するには、言いたいことをきちんと伝える技法とそれを支える哲学・思想がとても大切だと思うようになりました。そこにいきついたのは、平木先生とお会いして、それまでにわたしが自己流で触れてきた、アサーション、アサーティブネスの議論とは違う深みを気づかせていただいたからですです。この書籍は、その学びの対話プロセスから成り立つものです。

その意味で、アサーションというテーマに初学者であるわたしが共著者にさせていただくことにより、初めてアサーションを学ばれる読者の方には、より身近に学べる素材となり、他方で、すでに学ばれてきた方には、私のときに素朴な質問に対する平木先生のお答えの中に、「気づき」を見つけていただければ、と思います。

組織行動論の専門家として伝えたいこと

少し、経営学の話もさせてください。私自身は、先に述べましたとおり、経営学の一分野で、多くの大学院（ＭＢＡ）では一年目の必須科目である組織行動論の専門家で、主として、モティベーション、キャリア、リーダーシップ、組織変革・組織開発などを専門にしてきた人間ですので、経営学の中でも、ひとの問題に焦点を合わせてきました。そのような人間ですので、平木先生が開拓されたこの分野を初めて知ったときから、この分野の重要性に気付いておりました。

経営学での人間の発見は、極めて早く、一九二〇年代のホーソン実験とも人間関係論としても知られる研究に遡ります。その研究では、物理的な作業条件以上に、職場での人間関係の方が働く人々の満足に大きく関わることが発見されました。思えば、精神病理学者の木村敏先生の『人と人との間』（一九七二年、弘文堂）ではないですが、人間にとって関係性が大事なら、当然、コミュニケーションが大事となり、ふれあいなどの大切ですが、せっかく言語を操ることのできる人間なのですから、コミュニケーションにおいて、自分も大切に、相手も尊重するようなやりとりができるのが理想ではないでしょうか。しかし、経営学の発展の歴史の中では、人間関係論の時代は、どちらかというと、集団に依存的な人間観に近かったため、つぎの時代には、人間を組織における最も大切なリソースとして扱おうという人的資源管理論（human resource management）の時代を迎えました。それに先立つ人間関係という視点だけでは、どうしても、関係性に依存し、そこに埋没してしまう人間モデルを想定しがちであったので、これに物足りないと思った経営学者たち、たとえば、レンシス・リッカート、ダグラス・マクレガー、クリス・アージリスなどが、切り拓いたのが人的資源管理論です。いまの組織行動論や人材マネジメント論は、その延長上に位置付けられています。

アサーションの大切さ

しかし、わたしの知る限り、経営学の中でひとの問題を扱う分野では、いまだ、アサーティブネスがけっして定番のトピックとはなっていません。この国では、大学の経営学部や大学院のビジネススクールのＭＢＡプログラムでも、寡聞にして、アサーション、アサーティブネスの科目をカリキュラムに導入したという例にふれたことがありません。

私が、平木先生と接し、先生から学ぶプロセスで気づかされたことがたくさんあります。その中の一つは次のことです。傾聴を学ぶために、アクティブ・リスニング・トレーニングを学ぶもの大切でしょうが、それとあわせて、また、ひとによってはそれ以上に、アサーションを学ぶのが大切である、ということです。そんなことにも気づいてなかったのかと思われるでしょうが、その通りだったのです。リーダーシップの研究者として、「リーダーは、自分の考えをビジョン、ミッションとして描き、きちんと伝えることが大事である」という話まではしても、私も、それから（おそらく）私以外のリーダーシップ研究者も、アサーション、アサーティブネスについては、話をしたことはありませんでした。非常に長い間、ほとんどなにも知らない状態だったのです。

日本の企業の現状

そのこともあり、日本の産業社会の中では、ほとんどの企業がマネジャーになるひとが、相手も自分も大切する自己主張の方法、つまりアサーションを学んでいないまま、課長、部長、さらには役員、社長になっているのではないでしょうか。トップマネジメントになるには、戦略発想で変革を導くリーダーシップとあわせて、取締役会を含むコミュニケーションの場で、自分も相手も大切にするアサーションにも、熟達していることが肝要なはずでしょう。しかし、実際には、この技法もこの言葉すらも、経営者の日常のボキャブラリーにはあまり入っていません。アサーションということを知っており、それを自覚して、経営の場に望んでいる経営者には、いまだ出会ったことがありません。経営者、経営学のトップマネジメント論の分野だけでなく、アサーションの分野にも目を向けるべきでしょう。会社の現場、ミドル層だけでなくまさにトップ層にも、この分野がもっと知られるべきでしょう。

今後の日本に必要なこと

このハイエンド、トップ・レベルへのアサーションの適用とあわせて、国際化を超えグローバル化する日本の将来のことを考えると、幼稚園か小学校の頃から、自分も相手も大切にするコミュニケーションの作法と考え方を、教え始めることも必要ではないかと思っております。幼稚園や学校でも、また家庭でも、日常の中で、アサーションに入門してもらうのです。

さて、本書では、私のほうがアサーティブネスの初学者として学ぶという形の共著になっていますので、平木先生のこれまでの著作とは違う話し言葉の対話がベースとなっています。対話から、この身近なテーマがより読みやすいものになっていますように、と祈っております。

どうか、日常の大切な人との関係性において、よい意味で前向きに生きる土台として、また、だれもがもつ権利として、心ある自己主張、アサーティブネスの世界へ入門し、それを日常で生かし、アサーティブな人生、キャリアを歩んでください。

あとがき

読者の皆さんは、経営学・組織行動論の金井先生とカウンセリング心理学の平木とのコラボレーションによる本書をどのように受け止められたでしょうか。また、書き下ろしあり、対談あり、共同授業の記録ありという構成は役に立ったでしょうか。

実は、著者の二人の出会いは二〇年ほど前のある企業における管理職研修を前後に担当したことに始まります。アサーションに関心を持たれた金井先生が私の研修をオブザーブしてくださったことが縁になったのです。ところが、その偶然の出会いは、組織開発を専門とされながらカウンセリング・心理臨床に深い理解を持たれている金井先生と、アサーションを通して職場のコミュニケーションを活性化し、ひいては組織開発につなぐことを模索していた平木との接点をもたらしてくれました。

本書はその貴重な出会いが、大げさに言えば経営学と心理学の統合の試みにまで発展した成果と言えます。金井先生は、組織の中の人間行動においてアサーションはモティベーション、リーダーシップ、キャリア開発、組織変革・開発に欠かせないと述べておられます。アサーティヴな言動が、リーダーシップの促進と組織開発に貢献することを願っていた平木にとって、その視点は大きな支えとなってきりました。

とりわけ金井先生のリーダーシップの研究は、優れたリーダーが実践によって得た独自の「リーダーシップ持論」(リーダーシップについての見識)を他者と共有していくことの重要性を強調しています。また、優れたリーダーの実践による持論は、座学ではもたらされず、コミュニケーションによって発揮されることも明らかにされています。この結果は、リーダーたちがそれぞれの場で、金井先生の言葉を借りれば「心ある自己主張」(アサーション)を実践し、独自の持論を形成して言語化し、次世代のリーダーシップを育成していくプロセスを想像させます。

二一世紀は、異なった考えや価値観を持った人々が人間関係を維持し、未来に向けた課題を達成しながら生きる時代となるでしょう。アサーションは、リーダーやビジネス・パーソンのみならず、誰もがローカルに、そしてグローバルに生きていくために不可欠になっていくことが予測されます。

本書が、二一世紀を生きる皆さんにとって意味あるメッセージとなっていたとしたら、望外の喜びです。

最後になりましたが、本著の成立を発想し、積極的に支援してくださった金剛出版社長の立石正信氏と編集担当の中村奈々さん、組織行動論の金井ゼミでの共同授業のプロセスをまとめて下さった田中さん、そのゼミでアサーションを学び、貴重なレポートを寄せてくださった皆さんに心から感謝いたします。

平木典子

二〇一六年三月八日

参考文献

【平木典子関連図書】

平木典子著『改訂版　アサーション・トレーニング―さわやかな〈自己表現〉のために』金子書房　二〇〇九
どうしてうまく伝えられないんだろう?」――そんなもどかしさを抱えたすべての人に！　アサーションとは何か、をその成り立ちからトレーニング法までを丁寧に解説した一書。

平木典子著『アサーション入門―自分も相手も大切にする自己表現法』講談社現代新書　二〇一二
アサーションをコンパクトかつ網羅的にまとめた一書。本書でも、金井ゼミ生の方にはこの書籍を事前に読んでいただいた。

平木典子著『図解　自分の気持ちをきちんと〈伝える〉技術―人間関係がラクになる自己カウンセリングのすすめ』PHP研究所　二〇〇七

平木典子著『図解　相手の気持ちをきちんと〈聞く〉技術―会話が続く、上手なコミュニケーションができる！』PHP研究所　二〇〇七
誰もが理解し合えないのは当たり前のことである。それを認めた上で自分の気持ちをきちんと伝える基本を、図解でわかりやすく解説し、気持ちのいい人間関係を作る方法を紹介。伝える＝聞く×話す。〈伝える〉ことと〈聞く〉ことそれぞれに焦点を当てた二冊。

平木典子著『アサーションの心―自分も相手も大切にするコミュニケーション』（朝日選書）朝日新聞出版　二〇一五
アサーションをコミュニケーションの技術としてだけではなく、人とどのような関係性を持つかという生き方の問題として問いかけた最新の著書。

【金井壽宏関連書籍】

『働くみんなのモティベーション論』NTT出版　二〇〇六

いつどこで会ってもやる気満々の人はなかなかいない。やる気には必ずアップダウンがある。どうすれば自分のやる気を自己調整できるのか。学者のモティベーション理論を学ぶだけでなく、自分のモティベーションの持論をもっていただくための書。

『働くひとのためのキャリア・デザイン』（PHP新書）PHP研究所　二〇〇二

ひとは、二〇歳前後から六〇歳代までの四〇年以上も働く。これだけの長期にわたるキャリアを計画的に展開するために、節目には「自分で選び取った」というキャリアをデザインする必要がある。本書では人事部の視点だけでなく、個人に焦点をあてたキャリア論。

『リーダーシップ入門』（日経文庫）日本経済新聞社　二〇〇五

この入門書では、リーダーになるための資質、リーダーになったときに効果的に振る舞えるひとの行動特性、その行動とリーダーがおかれた状況での適合性を解き、さらには、経営者の事例も解説。

『経営組織―経営学入門シリーズ』（日経文庫）日本経済新聞社　一九九九

経営学の中には、組織の中の人間行動、短くは組織行動論と呼ばれるものと、全体としての組織や制度（組織構造や事業部制などの組織機構）があり、この両面について学ぶためのハンディな入門書。

『変革型ミドルの探求―戦略・革新指向の管理者行動』白桃書房　一九九一　日経 経済図書文化賞受賞

日本の組織は、組織を変革していく際に経営トップだけでなく、ミドルマネジャーも大きな役割を果たしている。このミドルのリーダーシップ行動を測定する尺度を開発し、どのような行動が成果に影響を与えるか、またリーダー行動と成果の関係が、リーダーがとりくむタスク（課題）の特性によって、どのように条件づけられているかについて、理論的実証的に調査した結果を、先行研究と合わせて論じた実践書。

著者略歴

平木　典子（ひらき　のりこ）

1936年　満州生まれ
1959年　津田塾大学英文学科卒業
1964年　ミネソタ大学大学院教育心理学専攻修士課程修了（MA）
立教大学カウンセラー、日本女子大学人間社会学部心理学科教授、跡見学園女子大学臨床心理学科教授、統合的心理療法研究所所長を経て
2016年より　統合的心理療法研究所（IPI）顧問

主な著書：
『新版　カウンセリングの話』（朝日選書）、『改訂版　アサーショントレーニング』（日本・精神技術研究所）、『自己カウンセリングとアサーションのすすめ』（金子書房）、『自分の気持ちをきちんと〈伝える〉技術』（PHP研究所）、『相手の気持ちをきちんと〈聞く〉技術』（PHP研究所）、『アサーション入門』（講談社現代新書）、『アサーションの心』（朝日選書）、『カウンセリングの心と技術』（金剛出版）、『心理臨床スーパーヴィジョン』（金剛出版）他多数

研究領域：
家族療法、キャリア・カウンセリング、アサーション、心理臨床家の訓練、他

金井　壽宏（かない　としひろ）

1954年　神戸市生まれ
1978年　京都大学教育学部卒業
1980年　神戸大学大学院経営学研究科博士前期課程修了と同時に助手。講師、助教授を経て1994年より教授
1989年にマサチューセッツ工科大学（MIT）でPh.D.を、1992年に神戸大学より博士（経営学）を取得
現在　神戸大学大学院経営学研究科教授

主な著書：
『変革型ミドルの探求』（白桃書房）、『企業者ネットワーキングの世界』（白桃書房）、『リーダーシップ入門』（日本経済新聞社）『働くひとのキャリア・デザイン』（PHP）、『働くみんなのモティベーション論』（NTT出版）、『組織変革のビジョン』（光文社）、『中年力マネジメント―働き方ニューステップ』（創元社）、『仕事で「一皮むける」』（光文社）、『「このままでいいか」と迷う君の明日を変える働き方』（創元社）他多数

研究領域：
リーダーシップ、モティベーション、キャリア、組織エスノグラフィー、他

ビジネスパーソンのための
アサーション入門《にゅうもん》

2016年5月20日　初刷
2023年3月10日　2刷

著　者　平木典子・金井壽宏
発行者　立石正信

発行所　株式会社　金剛出版
〒112-0005　東京都文京区水道1-5-16
電話 03-3815-6661　振替 00120-6-34848

装丁　石倉康次
印刷・製本　音羽印刷

ISBN978-4-7724-1487-6 C3011